The Temperature of Education

教育的温度

❀ 卢望军·著 ❀

重庆大学出版社

U0607261

目　录 | CONTENTS

辑二

● **我们在一起** ··················053

辑三

● **孩子们衡量世界的尺度** ···········107

辑四

辑五

● 长成一棵树·······················205

望军的意义

王　君

这些年，我行走教育江湖，结识了一批非常优秀的"80后""90后"青年教师。望军，无疑属于其中最杰出的一类。

望军不可复制。她是她自己的传奇。

传奇表现之一，"跨界"。

教语文还能教生物，这在广大农村中学，本不算稀奇，但如果还能神奇地拿下省级生物学科赛课的冠军，那不是传奇是什么？这个年轻人，做什么都充满好奇，且全情投入，孜孜不倦。她被上天眷顾，是因为她感动了上天。

教中学还能教小学，这在语文界，本也不算稀奇。因为特殊的原因，望军在即将打开中学名师之门的时候去了小学，这非她所愿。在我眼里，这也是一步稍觉遗憾的险棋。但望军，既来之则安之，不管是在中学还是在小学，她都能初心不变，勤勉探索。短短几年时间，小学名师的风范就出来了。我亲眼见她蹚过教育的万水千山，那不是传奇是什么？

教语文，还当班主任，这在中小学是"标配"，亦不算稀奇。但如果不仅研究语文、数学，还研究班主任工作，那就不简单了。说语文，才华横溢；论班级管理，创意不断。一路走来，她的教育、教学成果都斐然。已经成名成家的中语、小语界名师中，能做到双肩挑的，也不多啊。所以，望军老师，奇女子也。

更不用说她农村起步、县城蓄力、城市发展的经历——有这样故事的老师也不少——敢于"走出去"，在这个开放的时代已经不算"奇"了。但一个女教师，这么一路折腾下来，教育激情不见褪色，教育智慧不见萎缩，越走越有力量，越走越有情怀。走到38岁，走出了教育的山花烂漫、姹紫嫣红，那不是传奇是什么？

……

"跨界"的背后，就是我以为的"望军的意义"之核心——不挑！

不挑地点，不挑时间，不挑气候，不挑环境……在哪里都是成长，在哪里都是追寻，在哪里都能思考，在哪里都在创造，在哪里都活得热热烈烈、蓬蓬勃勃。正如望军书中的心灵呼唤"长成一棵树"——这就是望军成为望军的核心奥妙。

每个人都想成为自己，成为更好的自己。但那个"自己"却常常必须面临选择，必须肩负重担，甚至会被"流放"、被遗忘……在这些时刻，你敢不敢说"我不挑"！因为我想成长为一棵树，所以，无论怎么样，我都会成长为一棵树。

望军不挑。天太冷，她就长成一株雪松；天太热，她就长成一片红树林。在教育的四季里，她经历一切，也享受一切。没有什么能够挡住她的成长。她就是《肖申克的救赎》中那种"羽毛太漂亮"，所以"关不住的鸟儿"。这种鸟儿飞翔的渴望太强烈。于是，她飞向自由，飞向光明，越飞就越学会了飞，见识的世界也越宽广。

事实上，你飞翔的天空就是你的内心世界。

你大气，你的世界就大气。

你辽阔，你的世界就辽阔。

决定我们命运走向的，永远是我们自己。

望军之奇，还在于，她是一名"写出来"的青年名师。

她跟我还不一样。30岁以前，我是"赛课专业户"。但大部分教师，没有我这样的幸运。望军也没有这样的幸运。

赛课，是教师成长的快速通道。没有这条通道，要想脱颖而出，则更艰难。

不"赛"，就必须"写"——用文字表达自己，用思想征服世界。

所以，当年朱永新老师开办"教师成长保险公司"（大意如此），说是一名教师，如果坚持撰写教育教学手记十年，还成不了名师，就给予多少"赔付"……

我知道，朱老师的"公司"，肯定"赚钱"。

"写"是什么？仅仅是码字吗？不是！写法就是活法！你怎么活就怎么写，你怎么写就怎么活。活得精彩才能写得精彩。持续地活得带劲儿才能持续地写得带劲儿。

你在你的文本里活得不够隆重，你写不出教学手记；你在自己的教室里活得不够深情，你写不出教育手记。

这是假装不出来的。你可以假装一天两天、一月两月，但假装不了三年、五年、十年。

这就是很大部分教师轰轰烈烈开始、垂头丧气收场的原因。

写作，归根结底，靠的还是生命的活力、创造力，还有持恒力。

十年，3650天，那是多少小时？一名教师，能在一个岗位上十年如一日，把职场当情场，把职业当事业，他不成为名师才是怪事！

望军的坚持，给了很多还在观望、还在犹豫应不应该出发的青年教师一个响亮的答案：开始吧！出发吧！咬紧牙关吧！

今天，距离望军出发的日子——2011年8月18日，她在新浪开写博文的那天——还不到十年。

仅仅八年的写作，望军就把自己写成了青年名师。而且最为关键的是，因为写作，望军的生命状态发生了翻天覆地的变化。她的收获，绝不仅仅是源源不断地发表的那些文章、获得的那些荣誉、即将出版的那些书，以及可以预见的灿烂未来……我相信，写作，完全打开了望军的生命视野，拓宽了望军的生命疆域，改变了望军的生命质地。仅仅八年的时间，她把自己写成了一个真正有故事的人。从岳阳县的农村学校到岳阳县的县城中学再到岳阳市的市直小学，望军的路，是她自己一个字一个字码出来的，而且，正在延伸，向无限延伸。

赛课有终点。比赛的舞台，终归会让给年轻人。但写作，是"取经之路"，通向专业成长的无限之远方。望军在这条路上走得很稳健、很诗意。她拿到的是永不过期的入场券。

望军的文字里，藏着她更多的传奇——那是她成长的全部密码。

欣赏望军，享受望军，学习望军，最好的桥梁就是她的文字。你会沉醉其中，欣欣然而不知归路。

于我而言，在这个阶段，我觉得望军文字中最让我着迷、钦佩的，不是她天生的清澈通达，不是她作为女教师自然而然的优雅熨帖，亦不是她已经崭露峥嵘的思辨力，甚至不是她已经得到大家认可的创造力……

最打动我的，是她活在生命现场、教育现场的仪式感。

"仪式感"，是我人到中年之后越来越喜欢的一个词语。

当生活节奏越来越快，当对名利的追逐越来越赤裸裸，我们身不由己地被各种外力推着跌跌撞撞向前，没头没脑向前。于是，我们的生命变得越来越粗糙，越来越潦草。现代人都喜欢说"当下"，但"当下"又是多么奢侈的一个词语啊！我们不是被过去绑架，就是被明天迷惑。而当下，反而最容易被我们轻易出卖。

读望军，你能深刻地感受到什么叫"珍惜当下"。

因为，对当下的每一个瞬间，望军都是盛装出席的。

她不仅以珍重万分的心情经营着她的每一天、每一节课、每一个教育细节，更以珍重万分的心情小心翼翼地记录了每一个课堂故事、每一个班级创意、每一个孩子的改变，甚至自己和孩子在这些现场中的每一句话、每一个表情、每一瞬间的心理图式……当年我尚年轻时，也如望军，总处在教育高潮，我开玩笑说，"学生放个屁，我都兴高采烈地记录下来了"。我觉得，这些年的望军比我当年更投入、更痴迷。

没有对自己生命的万千珍惜，没有对学生生命的万千珍惜，不可能有这样的记录状态。

记录，是定格，是镌刻，是潜意识中把自己和学生都当成"大人物"，创造我们共同的历史，书写我们共同的历史。

我觉得，做老师，太需要这样的一种情怀，这样的一种生命姿态。

我觉得，做人，也太需要这样的一种情怀，这样的一种生命姿态。

上天借我们一段匆匆岁月，让我们到人世间走一趟，感受和寻找生而为人的意义。我们有什么资格把这段岁月浪掷了呢？

如果每一天我们都用庄重的心态来活，每一天我们都当作生命的最后一天来活，我们用热烈深情的关注，赋予每一个平凡瞬间以意义，创造它们，延续它们，那么我们的日子便都将成为传奇。

记录，是一种情怀诠释，更是一种毅力表达。

34 岁那年，我出版了自己的第一本书。其文字，不知比望军的这本书粗糙浅薄多少倍，但李镇西老师给了我热情洋溢的鼓励。

我觉得，望军更配得上这样的鼓励。

李镇西老师说（且把原文中的"王君"换成"望军"来读）：

　　我同意望军老师的观点：教育的幸福，首先体现于教育细节的幸福。这些细节可能是教师和学生之间的眼神、微笑、泪水、叮咛、抚慰……它们也许不能直接带来班级流动红旗，带来很高的升学率，带来领导的表扬，进而获得至高的荣誉，但无数幸福的细节便构成了校园生活全部的美丽和教育生命的所有魅力。

　　望军老师正是怀着对朴素而简单的幸福生活的愿望，朴实而平凡地过着每一天的教育生活。本书展示了望军老师普通而鲜活的生命在讲坛上欢快流淌的情景：上课、备课、谈心、读书、反思、写作……一切都是那么平淡，但绝不平庸。她把自己的生命从容不迫地融进课堂，更融进学生的生命。学生的生命因此而获得生长的力量，老师的生命因此而永远青春勃发。

这就是望军的意义，也是所有渴望成长的青年教师的意义。

望军愿意为每一个学生写诗，她自己的生命便成为最美的诗行。

望军愿意为每一个学生作传，她自己的生命便成为一部精彩的"史记"。

你奉献什么，你就得到什么。

你创造什么，你就成为什么。

望军是个"发明家"。她的作品是"岁月"。

一群又一群的小孩，经由她的"发明创造"，成为隆重热烈的生命庆典中的主角。望军的教育舞台上，永远星光灿烂。遇到这样的一位老师，实在是童年之大幸，青春之大幸。

而作为"导演"的望军，也在策划创作这样一台又一台的青春大剧的过程中，从幕后走到了台前。她自己也变得星光熠熠、美丽非凡。

她越来越细腻，也越来越大气。

她越来越丰富，也越来越单纯。

她越来越柔软，也越来越坚强。

她越来越能思考，也越来越能实践。

她越来越能阅读，也越来越能沉淀。

她越来越有机会走向更大的舞台，也越来越谦逊和专注。

……

她的学生越来越优秀，她自己也越来越杰出。

成就学生，就是成就自己。

生命成长的规律，让人击节，让人感叹！

让日子像鲜花，一朵一朵绽放。望军做到了。于是，她自己的生命，便也如花绽放。

38岁，年近不惑，对于一个女教师而言，是一个敏感的年龄。

有人说，如果一个女人 38 岁之前还没有很好的积累，便很难有真正的突破了。望军是幸运的，她 38 岁之前的奋斗，让现在的她坐拥一座属于自己的故事和思想的城池。这虽然是她的第一本书，但其实，她还能拿出很多东西，马上出版第二本、第三本、第四本……38 岁的望军，真的很富有。

有人说，38 岁之后，女人要自我突破和自我超越，会变得格外艰难。身体器官会逐渐不再青春，女性的各种自我设限会造成灵魂的巨大冲突。能够承受住这样的冲突，继续往前走的女性，比例不大，这是实话。我就亲眼见到相当部分曾经满怀梦想的优秀女教师，在走向不惑之年的途中，慢慢弄丢了自己。祝福我们的望军，如她博客题词所言，"以最初的心，做永远的事，向前向前再向前"。

我是的的确确"偏爱"望军的。

偏爱的其中一种方式，就是给她挑刺儿。

我们之间发生的争论，不止一次两次。

最激烈的一次，可怜的望军被我"一无是处"的苛刻评课激怒了。她"奋起反抗"，于是掀起了一次颇有声势的评课、议课活动。

至今想来，那都是我们交往中最最美好的篇章。

不仅跟我争，望军还跟李镇西老师争，跟其他名家争。她正处在虎虎有生气的年龄，她的文字也虎虎有生气。

我爱着这样的她！在这些争论中，我看到了一个天真烂漫、心无机巧的望军。她执拗，她坚定，她率性，她冲动，她不盲从，她永远保持独立教师的状态。面对生活、面对教育，她既能浪漫抒情，又能理性反思。

对错不是最重要的。38 岁的年龄有 38 岁的优势和局限。许多谜底，藏在未来的路上，正等待着望军。她只要向前走，便能和那些谜底相遇。她的人和她的文字，都会因此而变得更加温柔。

事实上，对于一个聪明的女人而言，时光的加持庄重且盛大。这些年，望军成了两个孩子的母亲，望军经历了更多更多的故事，我真的很欣喜地看到望军越来越多地拥有了谦逊和温柔。我完全知道这些谦逊和温柔的意义：它们预示着一个优秀生命的再一次出发——真正的出发。

望军几乎比我小十岁。她遇到了更好的时代。她配得上这样的时代。

她现在已经发生的，即将发生的，是我已经经历过并且能够想象到的。我的愿望是，她必须要超越我们，走向我们不能想象的远方。

这样，我们的教育才有未来，人的发展才有未来。

有一段话，我特别喜欢，在此送给望军。望军的新书中，也全面展示了这样的追求。所以，我视望军为知音。

> 把教育看成是发现、创造、享受生活的一种艺术，乃是一种理想的教育观，教育本身也即一种对人性和社会理想的追求。但是，现实无情，理想与现实常常不能牵手。
>
> 即便如此，总要有人在过分功利的教育红尘中执着追寻在水一方的教育诗意；总要有人在现实的教育困境中为灵魂深处的教育理想辗转反侧；总要有人肩扛着闸门，让我们的子孙后辈去发现、去创造，去享受最人性最幸福的生活；总要有虔诚的跋涉者即使在人性的荒原上也依旧翩翩起舞……
>
> ——摘自王君《教育与幸福生活》自序

以此祝望军新著出版。

（2019 年 8 月 18 日于清澜山）

辑一 ● 为你，千千万万遍 ⁖

1. 小志，你也是我最得意的学生

　　中午，老师对我点了点头，叫了我的名字。我到了老师的面前，她带着我去办公室。我心里忐忑不安，心想会不会又做错了什么。但是老师没有批评我，而是表扬我《天上的街市》背得好，还送了我一本书。我心里很高兴，对老师说了一声"谢谢"，但声音很小，老师没有听到。现在，我要说一声"谢谢"。卢老师，感谢您！我虽然不是您最得意的学生，但您却是我最敬佩的老师！

　　这是小志写在日记里的话。

　　看到这里，我有一种心酸的感动，提笔写下几个字："你这句话太让我感动了！来，握一下手！小志，加油！"

　　然后，我陷入沉思，准确地说，有点难过，为小志、为小志这三个月来艰难的日子。

　　我眼前浮现出小志的样子。

　　黑黑的、圆圆的脸，稚气未脱，个子又小，不像个中学生；小小的鼻梁上架着一副高度近视眼镜，七百多度，有先天的原因，更是沉迷网络所致。小志爸爸中年得子，宠溺有加。可小志因为成绩不好，常常闷闷不乐。在家的放纵和在校的压抑像两列方向不同的火车在同一条轨道上抵牾行驶，以小志的年纪和心智，他绝不可能处理好这激烈的冲突。于是，在学校他选择了沉默，在网络上他又沉迷得更深。

　　他总是这样沉默。哪怕我们的课堂妙趣横生、精彩不断，他也只是淡淡地笑笑，从来没有真正参与进来——他疏离班级而存在，班级也渐渐疏远了他。无论多么盛大的宴会，总有人觉得索然；无论多么繁华的都市，总有人感觉寂寞——课堂其实也是如此。我觉得自己即使生出三头六臂，也依然有帮助不了的学生。

但，我总得为小志做点什么。

帮助小志的过程一言难尽，充满曲折和挫败感。转变差生，其实远不是我们通常在教育类或励志类书籍上看到的那样，一句话或一件事，就让浪子回头了，就能点石成金了。不过小志的课堂表现终究是好了一些，简单的问题也愿意举手回答了，读书也能读得响亮流畅了。

周三下午，两节语文课连上，学的是郭沫若的《天上的街市》。第一节下课时，我说，下节课挑战背诵，一号同学（小组内基础最弱的学生）如果挑战成功，奖励六分。课间休息时间有十分钟，我不知道这十分钟孩子们做了点什么，但从上课时稀稀拉拉举起的几只手来看，认真准备挑战背诵的人也多不到哪儿去。但这稀稀拉拉的手里，却有小志的一只坚定地举着。我赶快叫他，好像生怕别的孩子把机会抢去似的。小志背时，停顿了几次，看得出来他很紧张。其他学生知道小志窘迫，都默默地注视着他。教室里很安静，是一种让我欣慰的严肃的安静。当课堂因为有些孩子胆小或窘迫冷场时，我常常说"安静是最大的鼓励，关注是最大的关心"。说得多了，便不会有孩子在其他人答不出问题时发出让人尴尬的怪声了。

小志终于背完了，我舒了一口气，教室里响起让我欣慰的热烈的掌声。我注视着小志说："你战胜了心里胆小的魔鬼，举起了手。为了给小组加分，你有认真准备，对不对？"他的组长坚定地点了点头。

其实这是一个设问句，我知道答案。

我的问，是告诉小志，我懂得并且珍惜他的每一点努力。

在当天的日记里，小志这样写道："今天，终于得到了这个学期以来心情比较好的一天……当一阵掌声响过以后，我的心才开始平静，这可是第一次心情这么舒畅。"我批曰："成就感是世界上最快乐的感觉。"而一直以来，他成就自己的机会何其少！

学生多么渴望成功，尤其是差生！学生的学习经历，犹如在黑夜里行走，很多时候都是痛苦和茫然的。支持孩子走下去的信念，是内心对知识的向往和对学业有成的美好期盼。这渴望如原野上微弱的烛光，需要老师和家长小心呵护。可是冷漠、歧视、放任，如暴风骤雨，瞬间就熄灭了这点点烛光。成为差生，不全是学生自己的错！可是，当一个学生成为差生，我们想的总是转变他本人，而不是他的老师或者父母。

"老师，感谢您！我虽然不是您最得意的学生，但您却是我最敬佩的老师！"这是小志对我的称赞，在我看来，也是警醒：还有多少孩子正在默默地努力想成为我最得意的学生，而我却不一定给予了及时的帮助和鼓励。我错过了多少点石成金的机会啊。

小志，我愿意一直努力做你最敬佩的老师，但你要相信，你也是我最得意的学生！

2. 平安夜，天使在飞

圣诞节前几天，我在学生日记里得知一件事：小彭在商店偷东西被当场抓住，五元钱的东西要赔十元钱。他没有钱，在场的锦锦和源源也没有钱。锦锦和源源为了救他，到处借钱。他们就像热锅上的蚂蚁一样楼上楼下跑，好不容易凑齐了十元钱，送到商店平息了这件事。锦锦和源源不是小彭最好的朋友，他们上下奔走的理由只有一个——为了班级荣誉。他们像鸟儿爱惜自己的羽毛一样，爱惜班级的荣誉。

如果说每个人都是被上帝咬过一口的苹果，那么小彭这一口，上帝实在是咬得太大了点。他自幼丧父，母亲改嫁后又病故，留下他随着干环卫工作的继父生活。他和外婆家、奶奶家的亲人也不大来往，能够得到的温情很少。他是一个孤儿，心灵也是一座孤岛。

这样的小彭，眼神不像一般的孩子那样单纯，而是一种融合了强烈的渴望、热切的迎合和随时准备说点什么以博取别人关注的复杂眼神。我心疼他，能帮助他争取的补助都努力争取了，能激励他奋发图强的道理都推心置腹地谈过了，但夏虫不可以语冰，我没有他那样的经历，终究不懂他。我担心他出什么状况，处处呵护着他，可还是出了商店这样的事。

这件事，不可避免地成了班级公共事件。如何处理，考验着我。我若批评责骂，对小彭无异于雪上加霜；而我若置之不理，又可能在孩子们心里播下邪恶的种子！

我想了想，做了两个决定：一是买了一副男孩子现在流行戴的虎爪手套；二是决定抖抖自己初中时一件不很光彩的事。

周四中午，我对孩子们说："孩子们，我们把门和窗都关上，来说一点我们221班的家务事。"

孩子们知道我要说什么，以特别的安静作为对我的回答。

我说："今天我们来说说怎么对待犯错的同学。人都会犯些小错误的，老师也会。我印象最深的那一次，也是和你们一样读七年级时，放学经过一块荸荠田，有同学提议挖几个吃一吃。正挖得起劲儿的时候，主人来了。我们没命地逃跑，风在耳边呼呼地响，我多么希望能够变出一双飞毛腿。我一边跑一边想，万一我被抓住了送到学校去，那肯定入不了团了。那时候我已经交了申请，但还没有举行入团仪式……"

孩子们哈哈大笑起来，大约想象出了我当时的狼狈不堪。

我说："贪吃是小孩子的天性。现在，你们每天都有零花钱，没有一天不吃零食。可是你们想过吗，你们吃得开心痛快时，有些家庭条件不好的同学是很羡慕的。他们何尝不想也吃一点呢？"

大家都知道小彭的家境，有些人偷偷看向小彭。他低着头，身上的棉袄已经褪色，而且至少小了两个码，让人觉得上下身的比例特别失调。

我说："有很多在我们看来习以为常的东西，比如和爸爸聊聊天、放学回家时妈妈接过你的书包、在学校里吃过午餐后再吃点零食，对有些人来说，却是遥不可及的奢望。在我们的幸福旁边，有很多人在挣扎，比如小彭。他说话总是那么大声，不过是想引起我们大家的注意；他那么接近老师，不过是想获得老师的肯定。昨天，他犯了一个小错误，是因为他稚嫩的心抵挡不了零食的诱惑，并不是品德败坏，你们能理解他的困境吗？"

孩子们都认真地点点头。

我说："我很感激同学们为他所做的一切。如果不是你们，他将在众目睽睽之下尊严扫地，也许他明天就没有勇气来读书了。因为你们的善良和努力，所以现在小彭还和我们坐在一起。所有昨天帮助过他的人请站起来，你们都是天使。"

锦锦、源源等站起来，有些羞涩。

我接着拿出虎爪手套，说："很多男孩子都有虎爪手套，我知道这是你们的时尚。我曾经问过小彭想不想要，他说不想。我叫他说真话，他说想。今天，我把手套送给他，希望他明白，犯了错误，只要正视并且改正，大家依然接纳你。"

孩子们显然没有想到我会送手套给小彭，愣住了。他自己更是始料未及，伏在桌上无声地哭起来。

最后我说："孩子们，宽恕是天堂和地狱的界线，仁爱是天使和魔鬼的区别。能爱人，能容人，就是天使。你们都是天使。我很高兴，我每天都和天使在一起！"

第二天，天使们给了我意想不到的感动和震撼。

早上，钢钢说："老师，明天就是平安夜了，我和几个同学商量了一下，我们捐点钱，送点礼物给小彭吧。"

"可是，这几天我们才为二中的那个得白血病的学生捐款，又收了期末的杂费，我担心你们爸爸妈妈有意见。"

"老师，我们用我们自己的零花钱，不让爸爸妈妈知道。你中午找个理由叫他出去，我来跟全班说这件事。"钢钢向我保证。

"好吧，就让我们在平安夜当一回天使吧。"

一共收到一百六十五元钱。还有几个孩子捐了几本书。最细心的是琦琦，捐了一本《聪明的孩子会赚钱》。她说："我希望他看了以后受到启发，学会赚钱，这样就能改变他的命运了。"

尽管孩子们采取了很多措施，小彭还是察觉了。他问我："老师，大家是不是有什么秘密啊？我感觉他们对我怪怪的。"这一次，他的眼睛闪着清澈的光芒。

我说："既然你已经知道了，就让天使提前飞吧。同学们捐了一些钱给你，我带你去买一件衣服吧。"

"老师，我有衣服穿，我只是怕爸爸难得洗才穿旧衣服的。"小小的孩子，有大大的自尊。

"那你就用这些钱给爸爸买一个礼物吧，看看他需要什么。你爸爸为你付出挺多的，你要让他知道你对他的爱。"

"他需要一个剃须刀，但是我不知道哪里有卖。"

"大超市里都有卖的，记得要保存好发票，可以保修。"

小彭和他的继父，这两个同样命苦的男人，在这热闹县城的某栋旧房子里相依为命。但我相信，只要小彭努力，生活就会有柳暗花明的一天。

源源——为这件事上下奔走的孩子，周四的日记里只有一句话："老师，经过小彭的事件后，我想问一个问题，上帝为什么要派我做天使来守护别人？"

我给这篇短短的日记画了一个大大的笑脸，批曰："因为上帝很忙，天使不够，就在你心中放进宽容和仁爱，把你变作了天使。去爱别人吧，也许有一天，你遇到困难时，天使就来到你的身边了！"

能爱人，能容人，就是天使。221班的68个孩子，你们都是我眼里的天使，最美的安琪儿。现在，平安夜到了，周围静静的，你们正在吃苹果吗？

当你们吃着苹果，嘴里的那份甜啦，就是我祝福的心意！

3. 爱不唐捐

教 221 班的第一天，我遇到了一个特别的学生——健。

放学时，我说，"谁愿意留下来扫教室？"他留下来了。我一看他长得高高大大的，又热爱劳动，就想"钦点"他为劳动委员。我满以为他会很高兴地接受，没想到他冷冷地望了我一眼，这意思分明是"我对这种事情没有兴趣，老师你别给点阳光就灿烂"。

我知道我碰上块又臭又硬的石头了。一接触，还真是。仅举三例说明：从不做家庭作业；考试连白卷都不交；上我的语文课，别人都不想下课而他却兀自睡觉，他可是坐在第一桌，我眼皮底下的呀。

七年级上学期，对于他，我费尽心机，甚至可以说是"处心积虑"，从循循善诱到理想激励，从动之以情到投其所好，从家校联手到同伴互助……我使尽浑身解数，但似乎收效甚微。

我觉得万分沮丧，元旦节前一天，为他写下《岁末沉思：爱是万能的吗？》并且打印出来送给他。我希望我洋洋洒洒三千字的文章能够触发他自省的力量。

那天，他不说话，默默地看了很久。我在一边远远地看，捕捉他的表情。

他虽然没有说话，但是眼神和脸色似乎有些变化。后来的种种迹象表明，当时他的内心的确是有所触动的。七年级上学期后来的一段时间，他的行为慢慢变好了。他说他读不好书，但是愿意天天练习写毛笔字；他也经常利用他的特长为班里做事情，班里的一些宣传标语都是他写的；他向我保证，虽然读不好书，但是绝对不打架不惹祸，不仗势欺人……所以，虽然他的确不是一个"好"学生，但是我们班没有人嫌弃他，大家甚至经常找机会表扬他为班级做的贡献。

七年级下学期的时候，他的精神状态慢慢地发生了变化，眼睛里不再有那种蛮横和漠然，而是充满了善意和真诚。也就是说，我和其他同学的种种努力，使他没有破罐子破摔。一个在冷眼和嘲讽中长大的人，一定会慢慢地失去爱人和自爱的力量。我很欣慰，健仍然懂得爱人和自爱。

就这样，他在221班度过了一年。我们学校是每年都要分班的。七年级最后一天，孩子们都给我留言。他特意送给我一张贺卡，写着："卢老师，在这一年里我真的很感谢你。我没有学到很多知识，但是我学会了做人的品德，学会了做一个好人。我的书法不管有没有成就，我都会一直练下去的。感谢你，卢老师，感谢……"

暑假时，他爸爸担心他出去疯玩会惹是生非，就让我劝他去学书法。我在QQ上给他留言，他就真去学书法了。暑假两个月，他每天坚持练习一上午。我想，一个能够天天与笔墨纸砚为伴的孩子，再调皮也差不到哪里去的。

他知道我的字写得不是很好，建议我也去学书法。我说没有时间。八年级上学期开学后，他没有分在我们班，但是他仍然惦记我的字写得不好，就把他书法老师写的汉字基本笔画的样本拿来给我，而且，还很细心地准备了练字的笔和替换的笔芯。他说："老师，你没有时间专门去学习书法，你就自己在家里练习，只要你坚持不懈就有效果。"这循循善诱的语气，多么像曾经的我对他！

教师节的时候，他送我一幅装裱好的他自己的书法作品，写着"春风化雨"四个字。我搬过很多次家，每一回都郑重其事地把这个卷轴放在我家放重要物品的柜子里。"春风化雨"四个字提醒我，师者，当如春风吹过大地，永不回头。其实，何用回头！有春风吹过的地方，到处是青青的草。

他还写了一张字条给我，说："卢老师，离开了你，还真很想听你的课。有机会你一定要让我去听一下你的课。以后，我每年都会送一幅我写的字给你，好让你看到我的进步。我的书法老师说了，只要我坚持写，我的字一定会写出来的。我打算把我所有的精力放到书法上，每天坚持三个小时，我相信我一定会写出个名堂来的。五年不行，就十年，十年不行就二十年，我会让书法陪我过一生一世。"

我很欣慰。我知道，我的所有努力没有一丁点儿会白费。在他成为一个"好人"的路上，每一点儿爱和付出都凝结成了一块方方正正的铺路石。也许，时间会让我们各奔西东，不再相见，他不一定能够每年送一幅书法作品给我，但是无妨，我在乎的，是他承诺时的真心实意。

后来，我在他的 QQ 动态里看到他练字的照片，一脸的阳光灿烂，满眼的善意乐观。他展示了他的书法，上面写着"雅人"两个字，潇洒飘逸，长进很大。我想，大概，他的心在日日的笔墨丹青中，确已经有些风雅了吧。他虽然没有如约年年送一幅书法作品给我，但是，他坚持练字，坚持做一个好人，这不就是我最希望得到的馈赠吗？

佛典里说"福不唐捐"，唐捐，就是白白丢掉了。我相信，在教育的修行之路上，我的爱，也不会唐捐。

4. 你是一片湖——给侯家慧

那天，你在日记本里夹了一张便利贴，写着：

卢老师，其实有些话我早就想对你说了。我在初二以前时，没有老师说我作文写得好，也没有老师在班里公开朗读过我的作文。因为我的作文都是我随心所欲写的一些文字，没有按照老师要求的古板形式，只有你肯定我，让我相信我原来这么做是对的。卢老师，我知道你最近很忙很累，但你可不可以为我写一篇文章。八年级就要读完了，九年级又要分班，就当作是送别的礼物，可以吗？

当时，我写了几个字：我试试吧。

怕忘记你的请求，也怕这张纸条不知所终，于是我掏出相机拍了下来。今天看这张照片的日期，2013年3月25日，至今已有月余。虽然我总是提醒自己赶快兑现承诺，但竟延至今日。后来改你的日记，这张纸条也再没有见过了，你是丢了还是藏起来了呢？时间的流逝，悄悄；物品的丢失，亦是悄悄。聪慧如你，一定是感觉到了这样，才想要我为你一个人写一篇文章，用以保存我的欣赏、你的欣慰？

一直以来，我总是特别喜爱那些珍视自己心灵世界的学生，尤其是女孩子。这样的女孩子，必定是自重的，自己重视自己作为一个独特个体的存在；也必定是自爱的，自己珍爱自己作为一个美好个体的存在。因此，这样的女孩子，必定是可爱的。这可爱，非关成绩，非关能力，也非关长相，只关乎心灵。这样的可爱，是一种可以触摸的美丽，一种可以感知的温度，一种可以生长的气质。

而你，家慧，就是这样一个可爱的女孩子。

第一次特别注意你，是因为你的文章《重新认识我的爸爸》，你在文章后面说："这个世界上第一个抱我的男人是我的爸爸，这个世界上第一个听见我哭、看见我笑的男人是我的爸爸，这个世界上唯一能说'我会用我的后半生一直陪你'的男人是我的爸爸，这个世界上不会再有一个男人比我的爸爸更爱我……"

至今，我还记得我在教室里朗读你文章时的感受，是一种自叹不如——我的十三岁，对爸爸有什么样的认识呢？也是一种无比诧异——十三岁就能写出这样文字的女孩，该有怎样丰富而深邃的心灵？

你在我的眼里，渐渐特别起来。

记得去年，你当组长的时候，是所有组长里面最认真的一个。你甚至能够有办法让不合作的小王同学也郑重其事地发誓要认真学习。虽然我知道，这"誓言"也许管不了多长的时间，但是，正像你今年在"221班原创散文诗朗读比赛"结束以后评价小唐、小吴同学时说的那样，"至少此刻，他是认真的"。"至少此刻，他是认真的"，你无形中，教给了我一个多么重要的教育理念！

后来，我看到你在日记里写的《那些年的青春，与爱情无关》。你写一个小学四年级曾同桌的男孩，现在又是同桌，你们一起聊天，一起打闹，一起互相淡淡地关心对方。但是正像你说的那样，"那些年的青春与爱无关，但比爱情更耀眼，那是深深的友谊啊！"这些文字，真是读得我感慨良多。真想让那些动不动就把早恋当作洪水猛兽严阵以待而且还特别喜欢捕风捉影的人，来看看你这些干干净净的文字和你们清清爽爽的友谊，然后告诉他们：有一种异性朋友，就真的只是朋友而已。

我记得你好多事。

有一次，你送过一块巧克力给我吧？

有一次，你的QQ签名是"谁叫你老是我以为"，是因为我用这句话批评过你的同桌吧？

有一次，你的数学考了87分，你很高兴吧？那时候你说"我现在再也没有抄过作业了"的样子，有点害羞，有点小小的得意。

……

不过，说实话，和有些同学比起来，我和你真的算不上亲密无间。我们深入一点的交往，大都建立在纸笔之间。但是，仅仅透过这些文字的雪泥鸿爪，我已经瞥见了一片独特的心灵世界。那是一个不管我能否时时驻足，不管他人是否片刻停留，都会自顾自地美丽的世界。

那是一片湖，深邃，宽广。

面对这样的湖，我会对造物主的慧心巧思肃然起敬，生命多么多姿多彩！我会为自己只是匆匆过客而遗憾，遗憾我终将错过领略许多美丽心灵的机会。

家慧，你是一片湖。感谢你，肯让我在你的波心荡漾。

家慧，也许我们今年下半年分班之后不再朝夕相处、悲欢与共，也许我在你心湖激起的点点波纹会很快回归平静，但是，你的心湖拥有孕育美丽的力量，你的波心将永远有涟漪点点、碧波荡漾、白鹭飞翔。

5. 润物细无声

今年教师节，我收到的最有意思的短信是女孩小雨发来的。

"您是 243 班的天使、人间所期盼的卢老师吗？是的话，就请发个 A；如果不是，就发 B。"我当然发一个"A"。

后来她又发短信给我："您是我的精神支柱！我敬爱您，我的天使！最后我祝您节日快乐！"

到了下午，她又打电话祝我节日快乐——她说她想听听我的声音。

那时候，我当 243 班的班主任不过几天的时间，我不知道何以能得到她如此深厚的爱。我努力搜索，搜索我做过什么感天动地的壮举，也努力搜索脑海中关于这个女孩的特别记忆。说真的，都没有。我甚至不能清晰地勾勒出这个女孩的样子，只知道她大概坐在什么位置。第二天看她的日记，我才知道，她敬爱我的原因是我表扬了她的日记写得好，写得真诚——这是她第一次写东西被表扬。

我每天都用热情而又妥帖的言辞表扬孩子们，这些言辞就像蒲公英的种子，在空中飘飞。也许有些被搁浅在沙滩上了吧，也许有些被吹得挂在树枝上了吧，也许有些飘落在了石头缝隙了吧，而这一颗，就在小雨心里生根发芽、蓬蓬勃勃地生长起来了。从此，她在日记中总以"天使"称我，甚少用"卢老师"。

当然，也仅限于日记。这样的孩子，是不会和老师走得太近的。她害怕，害怕自己不够优秀，不是老师心目中愿意接近的好学生；她羞涩，一向羞涩惯了所以在自己喜欢的人面前更是谨小慎微，唯恐留下一点不好的印象。她总在远远的地方，热切地看着老师，看老师的一举一动里有没有和自己相关的信息。有，便欣喜不已；没有，也安然接受。这样的孩子，是回答了一个问题得到一句例行的"真棒"都会兴奋很久的。这样的孩子，是幽谷野花，习惯了自开自落。我每每想到班上总会有这么多敏感脆弱的孩子，就会涌起一股心酸的怜惜。

有一次午休，教室里太吵了，我很生气，从天使变成了魔鬼。小雨在日记里写道：

> 我也成了犯罪分子。我有点恨自己了，因为我没有能阻止这场灾难。我虽然不是班干部，但我是243班的一员啊，我有责任对243班负责。可说得容易，做着难啊！今天真悲伤啊！

在她看来，我的生气是一场灾难，因此她的坐视不理也变成了一种犯罪。

我深深感动，也深深心痛。

10月11日的日记，小雨这样写着：

> 今天下午放学，卢老师在办公室里洗着她的红色茶杯。洗好茶杯后，她慢慢地关上窗户。卢老师，你一定不知道，有一双明亮的小眼睛在关注着你。因为周末要放假，我舍不得你。我觉得会度日如年的。我想在走之前和你说上几句话。即使，能看你几眼也行呀！我想，我可能比魏巍的那种爱少，可是我觉得，除了他，没有人能比我更爱老师了。因为他的爱太伟大了，我没有这么的伟大，我也不知道，我的爱以后会不会这么伟大……

这是一颗多么细腻而又多么卑微的心啊！我从来没有想过，世界上真有一个人，为了看我一眼，而在门外默默等候多时。年轻的时候，我设想着，会有这么一个男孩子为我这样做，但似乎没有；而现在，有这样一双小眼睛，只为我一个人闪闪发光！可是，我的眼睛和这双眼睛对接的时间多么多么少！不知不觉间，我更多地把我的视线投注在那些不听话的孩子身上，投注在那些非常出色的孩子身上，而忘记了默默中，有很多黯淡的眼睛，期待被我的关注点亮！

在小雨日记的后面，我写道："看你的文章，真暖心！我会做一个好天使，也请你和我一起飞翔。"

泰戈尔说："神希望我们酬答他，在于他送给我们的花朵，而不在于太阳和土地。"是的，小雨，我希望你也能够飞翔，灿烂地在天空下舞蹈，而不仅仅是默默地爱我、感激我。

有一次我心血来潮，想在青春的尾巴上抓紧时间扮一回嫩，买了一件颇为卡通的衣服。穿了两次，发现无论怎么扮嫩，我也驾驭不了这件衣服了，于是就搁置起来。

那天，有点热，小雨却老是戴着帽子。我问她为什么，她说剪了头发，不好意思。于是我想到了我的卡通衣服也有一顶帽子，便拿来送给她穿，顺便还放了一些吃的东西在袋子里面。其实，我不确定她是不是乐意接受。

果然，她晚上发短信来说："天使，我是您的小天使！我不收同情的礼物。我家条件不怎么好，但是我穿的衣裳还是有的。我的心灵也不穷！谢谢天使送我的珍贵礼物！"

果然是我猜想中的情况。于是，我回复说："我儿子也穿别人的旧衣服呢！你为什么要觉得这是同情的施舍而不是热情的赠予？"

第二天，她穿了这件衣服来上学。卡通娃娃和她的青春年岁相互映衬，正合适。我想，她是想告诉我，她懂得并接受了我的心意吧。

过了两天，一个很平常的擦肩而过的时候，我回头浅浅地说："这衣服挺适合你的。"

她说："我以为那天你生气了呢。"

我说："哪里，我以为那天你受伤了呢。"

笑笑，就此不提这件事。

春雨，滋润了小草的干涸，自然是一种恩泽；而小草，吮干了春雨的潮湿，何尝不是一种馈赠？

润物细无声，春雨和万物，彼此彼此。

6. 我爱你

一日，我走进男孩们的寝室，感觉里面弥漫着一种异样的躁动和兴奋。

正想暗中了解情况，孩子们就已经争前恐后地向我说起来。

航航站在自己的床上手舞足蹈，大声嚷嚷着："老师，我今天中午向容容表白了，我说：'容容，我爱你！'"

其时，航航已经脱了外衣，只穿着衬衣衬裤，衣服的松松垮垮和他脸上的兴高采烈，构成一种奇妙的组合，仿佛下一分钟，他就会抓起红色的校服跳西班牙斗牛舞似的。

我想爆笑，但是忍住了，只是微笑着问："真的吗？你喜欢她什么呢？"

"她长得漂亮！性格温柔！唱歌很好听！"

"哦，这样的女孩子，我也很喜欢啊！"我知道，这个时候，我不能显得惊恐万分，这样会吓着他们，让他们再也不跟我说类似的事情；我也知道，我不能显得大惊小怪，这样他们会觉得我少见多怪太落伍。

我表示出的兴趣和认同，在孩子们看来也许是一种鼓励。于是，他们一个个都异常兴奋地跳到我面前，争先恐后地说个不停。

"老师，我也喜欢她，我也表白了呢！"

"老师，我还拖住他，不让他表白呢！"

"老师，老师，我做梦的时候还梦到她了呢！"

"老师，我是学的《爱情公寓》里面的方法表白的！"

呵呵，这帮小屁孩！

这是一件小敏感的事，所以，我决定"从长计议"。但是，怎么计议，我毫无经验，一筹莫展——这不是青春期的早恋风波，也不是幼儿期的"郎骑竹马来"，对于四年级的孩子来说，这是介于两者之间的懵懵懂懂。

于是，我只有等待。

在等待的间隙，我有意识地在寝室里轮流夸夸女孩子们，让一个女孩的光彩夺目，变成群星闪耀。

终于等到了一个合适的时机。

《班级日记》传到了航航手中，他写的就是这件事。

以下就是他的文字：

我爱同学

前几天，我身上发生了一件比较郁闷的事情。

事情的经过是这样的，上个星期，我们去食堂吃饭，刚坐到位置上，我就与致致打赌。我说："如果你对容容说'我爱你'，就算你厉害！"这话被方方这个"顺风耳"听到了，于是她赶紧拍容容的肩膀，大声喊："看呐，航航向你表白了！"随后，这件事你传我，我传你，全班同学都知道了，甚至有同学对着我起哄，我当时感觉非常的委屈和气愤。

放学回家，我把事情的经过全部告诉了妈妈。妈妈听了后，心平气和地与我谈心。她问我："你为什么喜欢容容呢？"我眯着眼睛想了想，说："因为她的歌声像百灵鸟一样婉转动听，而且还受过市长的接见呢！""哦，原来你是爱她的歌声，你是她的粉丝啊。"然后，妈妈又问我："那你一定还爱班上其他的同学吧。"我又仔细地想了想说："对啊，我爱邹天，因为他军事知识渊博；我爱李泽睿，因为他善良；我爱方炫炜，因为她的字写得非常漂亮；我爱何佳彧，因为她的朗读非常好；我爱方师礼，因为她的文笔很精彩；我爱孙维熙，因为他非常有礼貌……"

于是，妈妈告诉我："你爱这些同学，是因为爱他们身上的优点，向他们学习可以让自己变得更优秀。至于同学们起哄之事，你可以置之不理，没关系，时间过久了，误会就会消除的。现在的你，主要任务是努力学习文化知识，培养健全的性格，锻炼强壮的身体。"

……

航航读的时候，全班很安静，间或有笑声爆发出来。我示意他们只"会心"，不"一笑"。

航航读完了，我弯下腰搂着他，激动地说："航航，你今天的表现太棒了！我要向你表白，我爱你！"

孩子们显然惊呆了，先是静默，然后是大笑。

"航航，你爱不爱卢老师？"

"爱！"

"那你当着大家的面，大声地向卢老师表白！"

"我爱卢老师！"

"同学们，你们爱不爱我？"

"爱！"

"那你们一起向我表白！"

"我爱卢老师！"孩子们兴奋极了，声音震天般响。

"我也爱你们。其实，我刚开始教你们的时候并不爱你们，你们太闹了，而且老是听不懂我说什么……"

"我们开始也不爱你！"我还没有说完，台下就有人针锋相对。

这帮小屁孩！

"但是，你们用你们的纯真、善良、可爱征服了卢老师，使我慢慢地爱上了你们。我们中国人啊，很多人都不善于表达爱。爱，就要大声说出口，尤其是对爸爸妈妈。所以，今天回家以后的第一件事，就是大声地对爸爸妈妈表白！可以吗？"

"可以！"又是震天般的响声！

当航航写《我爱同学》的时候，爱的浓度稀释了；当我大声地向航航表白的时候，爱的难堪消失了；当孩子们集体向我表白的时候，爱的表达坦荡了。

　　我爱你，所以我愿意爱你所生活的这个世界；我爱你，所以我愿意因为爱你而爱别人；我爱你，所以我愿意更爱我自己！

　　因为爱，所以宽容。

　　因为懂得，所以慈悲。

7. 为你，千千万万遍

康康（姓戴），是个胖胖的小男孩。有时候被大家称呼成"戴胖胖"，有时候被调侃成"死胖子"，我则喜欢喊他"戴小胖"——所有这些以身体特征"胖"代替名字的称呼，都有一种亲昵的成分在里面。康康是一个非常单纯的男孩，大家都喜欢他。

因为单纯，所以慷慨。班上举行水果拼盘比赛的时候，他们小组其他成员都忘记带水果了，是他，带了品种丰富而且数量足够的水果，使他们组在比赛的时候绝处逢生。这一细节，是我事后从别处得知的，他们组没有人讲过，康康自己也没有讲过。他没有心机，不懂得计较得失，也不会邀功求赏。

因为单纯，所以热情。他的话特别多。他之前留给我最深刻的印象便是只要逮着机会，一定会缠着我不停地说话。什么都说，很多次从寝室去往教室的路上，我都是在和他家长里短地聊、天南海北地侃中度过的。

因为单纯，所以敏感。他会向我告状，说某某同学把"三打白骨精"改成"三打戴小胖"反复地唱，他有被侮辱的感觉。我知道解释不能安抚他，于是对着他说，下次，你就叫他们唱"三打卢老师"好了。

因为单纯，所以喜欢夸大其词。他说话总是很夸张。也许不是夸张，而是以他单纯的心来看，事情就有这么严重吧。有一次，他对我说到他的梦，说他要过生日之前总是做噩梦。我问他为什么，他说，担心没有人陪他过生日。其实，距他的生日还有两个多月呢，都到下学期去了。我答应他去他家陪他过生日。后来，我真的去了，送了一个本子给他，希望他能够多多写作，和自己的心对话。他喜欢我送给他的本子，在上面写了很多。他的语言是一如既往的朴素、清新、真诚。他起初并不是一个学习能力特别强的孩子，但是他的作文常常能使我眼前一亮，因为总有属于他自己的特别的东西在闪烁。

不知道是不是因为后来我对他的关注不够多了，他渐渐地出现了一些让我忧心的行为：听课不专注，作业也有点潦草，最奇怪的是他上课常常会把圆珠笔的笔头拔掉，把笔筒放在嘴里吸。他的嘴巴、脸上、手上，也因此常常沾满了蓝的或黑的墨渍，像京剧里的大花脸。

我常以为，关注是最大的关心。我和任课老师合计，和家长全面沟通，还和他的组长、组员"密谋"，又在全班提出"我们一起来帮助康康、某某、某某同学"的倡议。中间自然有种种细节，考量着我的耐心、细心以及用心，而关键的一点，乃是"助人自助"，也就是激发他的上进心，使他把外在的要求变成内在的愿望。

而最好的激发，莫过于使他体验到成功的快乐。

除了常规意义上的关注，我为他举办了一个小型的个人作品展。那次是写动物的系列日记，连续写七篇，我以"举办个人作品展"为诱饵，鼓励孩子们各显神通。与佳彧的华丽、策钧的幽默、惜之的生动不同，康康以他的小清新打动了我。

为了写这个系列的文章，他抓了两只蚱蜢，养在瓶子里，七篇文章就是一个以蚱蜢为主角的七集"电视连续剧"。他在讲台上侃侃而谈，不慌不忙，胖胖的小脸上，神气十足。

他的表现赢得了大家的赞赏，也使他觉得自己的确是一个很能写的人。后来，我们写人物系列的日记，本子才交上来第二天，他就迫不及待地问我："老师，我这次的日记，能够得几颗星？"他这一次的日记，与动物系列相比，仅从篇幅来看，已经是两倍以上了；内容和文字，也更上一层楼了。康康的热切，使我确信两件事：其一，最好的帮助，是助人自助；其二，对于小孩子而言，成功之母是成功，而并非是失败。

从任课老师和我的观察来看，康康无论成绩还是行为习惯，已经离"忧生"越来越远而离"优生"越来越近了。他变得自信，变得上进，慢慢地有了更高的自我期许。

前不久，方校长来我们班听课，恰好坐在康康身边。康康对校长表现出了极大的热情，不时地侧过头去看校长几眼，以至于校长课后悄悄地问我："这孩子是什么情况？"

我说，很乖啊。

后来我和他妈妈聊到这事，明白了原因：康康对方校长是非常崇拜的。这种崇拜，从一年级就开始了，简直到了虔诚的程度。

于是我对康康说："这次你写人的时候，可以写写方校长啊。写完了以后，我带你到方校长办公室去找他，让他看看你的作文，如何？"这对我当然是小事一桩，但他露出难以置信的喜悦和期待——看来他对方校长的崇拜，实在是由来已久。

后来，他写了，写得挺不错。我建议他修改，他就按照我的建议认认真真地修改了。一个上午，三次课间，他都端坐在我的身边修改作文。要知道，他可是很贪玩的孩子啊！中午，他没有休息，把日记工工整整地誊写了一遍。下午，我带他去校长办公室"面见"他的偶像。

一路上，他絮絮叨叨个不停："我真是激动得要爆炸了！每当我要去见一个大人物的时候，我就会这样激动……"

我笑着说："校长是大人物吗？"

他说："当然是的，我还没有单独和校长说过话呢！"

我说："校长待会儿会拿糖给你吃的。"

校长也很可爱，果然给了他棒棒糖，又亲切地和他聊天，还鼓励他减肥。回来的路上，他不停地说："校长办公室好庄重啊，东西都摆放得整整齐齐的，我平时的东西，都放得乱七八糟……"

我说："那你也要好好整理自己的东西了哦！从现在开始，你减肥吗？"

他说："当然。"后来，在放学后的长跑活动中，他果然认真了一些，每次都跑得气喘吁吁的。

只要想到康康把"和校长单独相处一段时间"这样一件我们大人习以为常的事情，当作一个遥不可及的梦想酝酿了四年多，我就觉得，老师对学生，大人对孩子，终究还是关注得不到位，终究还是不够懂得。

康康，但愿我的关注，能够使你更幸福地成长——更愿你，按照你理想中的自己，单纯快乐地成长。

【附康康妈妈读后感】

亲爱的卢老师：

很久没有读到这种有真情实感的性情之作了，更何况我的孩子是文中的主角。看后我的心里是满满的感动，也有深深的惭愧。感动于你付出的爱超越了一个母亲，惭愧于我作为母亲对孩子心灵的体察远逊于一位有教育责任、教育担当、教育情怀的老师。谢谢你！康康有幸，遇你为师；沁芸有幸，有你相助。除了老师这个角色，你还是一个才华横溢、勤奋不辍的笔者，温柔慈爱、尽职优秀的母亲，你的才华让我仰慕，你的德行让我敬重，如果可以，愿我们能够成为一辈子的朋友！再次感谢你的用心、耐心和爱心，辛苦了！

8. 你是我心里的一首诗

当我教了两年半的134班的孩子们毕业时，我写给他们每个人的期末评语都是一首诗。

当这些诗被写出来后，我产生了一个美丽的想法：将每一首诗配上每个人的照片，精心设计，制作成一枚全世界独一无二的美丽书签。我常常觉得，那些美丽的想法，像一块块璞玉，雕琢之后，便通透晶莹；也像一颗颗宝石，打磨之后，才熠熠生辉。而我为每一个孩子写个性评语、写诗的想法，就是这样的璞玉和宝石。我愿意，向着我的心灵深处的矿藏，不停地前进，采掘那一块块奇思妙想的矿石，然后，琢磨、镂刻，乐此不疲……

我相信，我的这些美丽的想法、这些璞玉和宝石会在孩子们的生命里熠熠生辉。

比如，我写给黄忆赫的诗歌，是这样的：

赠黄忆赫——你是人间的四月天

你是栖息在向阳的枝条上的黄莺

声声啼唱春的明艳

你是游弋在清浅的溪水里的鲦鱼

耳濡目染了庄子和惠子的思辨

你是夜空里那皎皎明月

光芒辉映了那一大片深蓝

你是人间的四月天哟

一身诗意万种画情

为了看你，我忘返流连

常常忘记了，今夕

是何年

而这样的诗意，也被黄忆赫化入了自己的成长当中。进入初中后的第一篇作文《我》，她如此写：

我想变成栖息在向阳枝条上的黄莺，声声啼唱春的明艳。我想变成游弋在清浅溪水里的鲦鱼，耳濡目染庄子和惠子的思辨。我想变成夜空里那皎皎明月，光芒辉映着一大片深蓝……

在小学的时候，这些话就时常萦绕心间，轻快地拨动着我的心弦。

我想，在茫茫沧海里，我虽算不上珍珠，但我绝不是沙粒；我不会随波逐流，但我会合群合伴。当九月的风吹来一片书声琅琅，我便意识到自己已经是一名中学生了，生活也是江山风月，本无常主。在新的学期中，有新的老师、新的同学，但我，并不想做新的自己，因为，我在这个"自己"身上努力了多年，保持才是最好的选择。

"我想变成栖息在向阳枝条上的黄莺，声声啼唱春的明艳。"是的，向阳枝条上黄莺所唱的不仅是春色，更是我所喜爱的事物。就说语文吧——我对古诗词有一种无法表达的感觉，说喜欢，轻了；说酷爱，重了；说崇敬，脱靶了。总之，苏东坡的妙语连珠，李白的铿锵豪放，李清照的哀婉缠绵，以及王维的清新淡远，这些让人忍不住初尝又回味的诗句常常徜徉在脑海里，我挥之，它不去。诗词千变万化，时而瞧见"乱石穿空，惊涛拍岸，卷起千堆雪"的雄奇壮阔；时而感到"绿杨烟外晓寒轻，红杏枝头春意闹"的生机盎然；时而闻到"台上有客吟秋风，悲声萧散飘入空"的浪漫忧愁，这些五彩斑斓的情趣都短长肥瘠各有态。

古诗词嘛，我可以当作爱好来对待，但我的爱好当然不止这个，对于绘画，我也情有独钟。在我看来，绘画和写作是一样的，一样握着笔，一样抚着纸，一样诉说着脑中的画面，只是表达的形式不同。而孩子们的绘画，可能就是懵懂被好奇心揉成一团斑驳的色彩，让想象力的大手给涂抹在白纸上了吧。如果我是向阳枝条上的那只黄莺，声声啼唱着自己喜爱的事物，那么，一定会很幸福吧！

"我想变成游弋在清浅溪水里的鲦鱼，耳濡目染庄子和惠子的思辨。"鲦鱼，庄子，惠子，我一直记得这则典故。作为一名学生，我想，知识就是那清浅的溪水，老师就是庄子和惠子，让我们耳濡目染了他们的智慧。也许这智慧是可以传递的吧，我觉得我也应该做这样的人，就像那鲦鱼，耳濡目染别人的思辨，再把这思辨传播下去。星火，可以燎原。

"我想变成夜空里那皎皎明月，光芒辉映着一大片深蓝……"那弯明月的光，我称之为"美"。以前的语文老师说我是一个会传播"美"的孩子，也许这里的"美"是指"美好"吧。夜空中，月光辉映的那一大片深蓝，自信地亮了起来，与群星一起闪耀……

我，就是我，做不做自我介绍，都是我。但是，我今天告诉你我喜欢什么，我是什么样的，也许明天就全变了，或者后天又变回来了——谁知道呢？

江山风月，本无常主，闲者便是主人。主人变来变去，但唯独不变的，就是江山与风月啊！

很显然，黄忆赫同学把每一个日子都化成了诗。

而和我相遇的每一个孩子，你们，都是我心里一首首美丽的长诗。我愿，时时把你们细细玩味，深情吟诵。

9. 何以致远，唯有书香

一个人最终会成为什么样的人，取决于在什么时候、什么样的书进入了他的视野，参与了他精神世界的构造。

涛涛的成长，就是这句话的注脚。

我刚认识他的时候，他大概是这样的一个状态：数学成绩还不错；语文成绩不太好，很多字不会写；活泼好动，喜欢打闹；没有养成良好的阅读习惯——是在各个班都很常见的那种学习习惯和学习兴趣都欠佳的孩子。

除了老师的教育，他更需要自我教育。而阅读，便是最好的自我教育。我不动声色但是循序渐进地把他带进了阅读的芳草地。

我首先让他读的一套书，是罗尔德·达尔的童话。

这套书妙趣横生、引人入胜，多数孩子一旦捧起，就都舍不得放下。对于阅读习惯刚刚形成的孩子来说，在保证书的质量的前提下，"喜欢"是最重要的标准。

涛涛果然被吸引住了！一有空余时间，他便捧着这套书看。中午吃过饭之后，我们在操场小憩，很多小朋友都在追逐打闹，他拿着一本书安静地阅读。秋天金灿灿的阳光倾泻下来，一地的光影闪烁。他静静地阅读的影子，安静地栖息在地面上，我有一种莫名的感动。

罗尔德·达尔的童话一共13本，隔不了几天，涛涛就向我报告今天已经读完了第几本。他还经常自顾自地感慨："以前我以为读书没有什么味，现在我一回家就读书，每天读到十点钟才睡。"灯光下，这个安静而专心读书的孩子，乘着文字的翅膀，尽情遨游在罗尔德·达尔创造的遥远而奇幻的世界中，这样的画面，多么美好！

接下来，我让他读《梅格时空大冒险》套装。这套书包含《时间的折皱》

《银河的裂缝》《逆转的地球》《重叠的时空》《末日的洪水》五本。有书评这样说："这是一套唯一能够媲美《爱丽丝梦游仙境》的儿童文学作品，一个又一个神奇绚烂、不可思议的冒险故事，带给读者的不仅仅是扣人心弦的阅读感受，更是对友爱、真理、信仰的深沉思考。"但是，一开始，涛涛并不喜欢这套书。他太爱罗尔德·达尔，已经习惯了那种趣味盎然的阅读体验，以为所有的好书，都应该是那个样子。

我说，你不试着读一读，怎么知道这套书不会是另外一个有趣的世界呢？

他试着去读，果然又入迷了。

有一天，他突然很认真地说："卢老师，这些天，我一直在思考一个问题，这个世界上为什么会有我这个人呢？"我闻言窃喜不已。涛涛的心灵，已经开始觉醒，从混沌蒙昧的状态，进入了理性思考的范畴。我说，要解决你的问题，可以读读《写给孩子的哲学启蒙书》这一套书。

之后的第三套书，我选择的是《哈佛家训》。涛涛非常喜欢这套书。我常常看见他在下课的时候坐在位置上读书；在等待放学前的几分钟，他收拾好书包以后，也会把书拿出来抢着读几页；而午读时间，他总是最快进入阅读状态的孩子之一。

伴随着阅读习惯的养成，他的语文素养逐渐提升。这不仅表现在他写字障碍的克服、作文水平的提升和课堂回答问题的积极踊跃上，更体现在一些细节中。我每天早晨都给孩子们讲一首古诗词，我查很多资料，讲很多故事，让诗词学习之旅妙趣横生。涛涛在这件事情上，表现出浓厚的兴趣。

有时候，他会无限神往地问："李白的剑术真的是唐朝第二吗？"我用李白《与韩荆州书》里的话告诉他，李白"十五好剑术"，是不折不扣的武艺高强的侠客，而且，若不是艺高人胆大，"一生好入名山游"的李白不被强盗打劫，也早被豺狼野兽给吃掉了。

有时候，他会愤愤不平地说："我不喜欢王维，他的诗歌没有李白写得好，官还当得比李白大，唐玄宗还到他家里去玩……"我没有办法让他理解王维的诗是另一种风雅天成，但一千多年前的两个诗人的命运，能够如此牵动他的心，已经是他和古典诗词不浅的缘分。

有时候，他会很自豪地说："我每天都和刘言溪（他的同桌，非常优秀，语文成绩尤其突出）比赛，看谁上古诗词课的时候做的笔记多，我还经常赢她呢。"我笑而不语，心里有一种快慰。

因为现在的历史被游戏曲解得太严重，孩子们常常把历史人物和事件张冠李戴，我决定让涛涛读一读历史类的书。我选定了《写给儿童的中国历史》这一套书。这套书图文并茂，浅显易懂，比较适合给孩子做历史启蒙。

一开始，涛涛是反对的。他说："我不喜欢读历史，我喜欢读故事，像罗尔德·达尔和《哈佛家训》那样的。"

我说，不试试看，怎么知道你不喜欢呢？

我还说，如果你读了这套书，很多我在课堂上讲的故事，你会知道得更清楚哦！而且，你还会知道很多我不知道的故事呢！

于是，他开始读这一套书，也是一捧起来就爱不释手，最快的时候，一个晚上可以读完一本。渐渐地，他的话题开始围绕着中国历史展开。有一天，他和另外一个开始读《写给儿童的中国历史》的孩子讨论盘古开天辟地的故事。他说："这个故事有一个漏洞，既然在盘古开天辟地之前什么都没有，那么斧子是从哪里来的呢？"我也答不出这个问题，但是热烈地表扬他的质疑精神。我想，这样一套浅显的历史书籍，未必能够让一个孩子变成文史专家，但是，这些书一定会在孩子心里建构一套全新的认知系统，这是一套迥异于游戏、玩具建构起来的系统，是一套更辽阔更深远的认知系统。

读完《写给儿童的中国历史》之后，我给涛涛买了《写给儿童的世界历史》。这次，他欣然接受了。于是，诸如美索不达米亚、巴比伦、埃及等词语，就从他嘴里时不时地蹦出来……

有一天，他突然问另一个小朋友一个问题："天添，你幸福吗？"

天添说："幸福啊！我吃得好，睡得好，玩得好，爸爸妈妈对我都很好。我感觉很幸福！"

涛涛一本正经地说："以前我也是跟你一样的感觉，但是现在，我还加了一点，我现在还喜欢读书……"

那一瞬间，我的幸福，无以复加……

10. 为了这一个，尽我所能

于"教育"一事，我喜欢说，尽我所能。

我这样说的时候，总是想起那个在沙滩上把小鱼一条一条送回大海的小男孩，想起他说的"这条在乎，这条也在乎"的话。这个多年前听说的故事，这简单朴素的两句话，似乎带着某种深深的暗示，某种很明了又很难参透的禅意，决定了我今后对待学生的态度——为了这一个，尽我所能。

育人，是关乎"这一个"的事。

睿是个有些奇怪的男孩。开学没几天的一个下午，其他孩子都去上音乐课了，他却在教室里哭。他一边哭，一边用钢笔划自己的手，划得那么用力，很恨自己的样子。我觉得惊骇，问他为什么。

他哭着说了两句话："他们都说我笨！他们都不跟我玩！"

我立马想起丑小鸭。这么小的鸭子，怎么就知道自己是丑还是美呢，不过是因为周围的同类都说它丑，它便也觉得自己丑了。我还记起我刚教他的时候，他中午吃饭是一个人坐一张桌子的，不管是有意还是无意，总之，他是被"边缘化"的一个。

我轻轻地对他说："他们说你笨，你就笨了吗？笨不笨，不由别人说了算，得自己说了算。他们不跟你玩，我跟你玩！"

于是，我每天吃饭的时候，总坐在他旁边，问他要不要吃我的菜。他不吃，但是他一个劲儿地大声地跟我说历史，说毛泽东，说周文王，说甲午战争，等等。他说的，我当然都知道一点点，我答一两句话，他就说得更起劲了。后来，一看到我，不管我在不在听，他都自顾自地大声讲历史。我知道，他大声地自言自语，是一种深深的寂寞。这时候，我总是接过他的话茬，和他聊聊历史，并且勉励他了解更多的历史知识。

一段时间后，有些孩子在散步时悄悄告诉我，其实睿也是挺好的。渐渐地，睿不这样大声自言自语了。

我读《这个历史挺靠谱》时，有孩子告诉我说，睿也有一套。

我笑而不语，却有一种如释重负的喜悦。

这一个，就像睿，很多时候是特别需要关心和关注的一个，因此，为了这一个所做的种种努力，大多数时候带有某种悲天悯人和雪中送炭的味道。

但，并不总是这样。

有一些看上去光芒四射、自我感觉良好的孩子，一样也需要这种特别的关注和关心，一种特别的提醒和训诫。

小方是个"大权独揽"的女孩，一直很能干，一直担任重要职务，一直习惯于发号施令和要求别人。小小的孩子难免产生错觉，严于律人，宽以待己，自己给自己赋予了很多特权。我担心，这样的孩子长大成人，会因为过于强势而被群体排斥，从而产生难以承受的挫败感。对于这一个，我严厉地要求，具体地指导。

小何是个聪明伶俐的孩子，课堂发言特别积极，表达优美而独到，但是轮到别人发言的时候，却总是自己做自己的事情。这孩子，有滔滔不绝的能力，却没有认真倾听的习惯。我担心，这样的孩子走入一个群体，会被大家误认为是自我中心式的人。对于这一个，我严肃地提醒，细致地要求。

小周是个责任感很强的孩子，常常跑来告诉我班上什么什么人做了什么什么事。当然，通常是不好的事情，也通常是很小很小的事情。我更担心，这样的孩子走入社会，会被众人孤立。对于这一个，我严格地矫正，温柔地劝诫。

孩子们在这个缤纷而喧嚣的世界里，永远是弱势群体。这种弱势，源于他们始终带着一种不确定和迷茫感在成长。很多时候，他们不得不屈从甚至逢迎大人所遵循的法则——而这些法则，也许是他们自身完全不认同的。他们在艰难地寻找内心和外界的平衡点，在任性和守纪之间左右徘徊。

这种徘徊，是悬在他们头顶的一个巨大空洞。这个空洞，不是高端玩具、高精食物和高档衣服所能填补的。所以，老师为了这一个所做的努力，无论对于哪个孩子，其实都是必须和急需的。但孩子那么多，而又千差万别，所以，一个老师，无论做了多少都是不够的。

在遗憾和无奈中，我想，我能做的，能坚持的，依然是——尽我所能。

11. 青春的心是易碎的水晶

我喜欢单独和学生谈心，面对面，眼睛和眼睛不游离，心和心就会走得更近；我喜欢对学生说，过来，挨老师坐着，我不习惯仰视别人，你这么站着，我会"项为之僵"的；我喜欢边从抽屉里拿糖果递给学生，边说拿哪种味道的呢，嗯，拿我最喜欢的味道吧。

我希望，在孩子们心里，我这儿是安全的，是可以放松的地方。

因为每天批阅学生日记的关系，我得以和学生分享一些他们愿意和我分享的心灵故事，得以洞悉那些百转千回的成长秘密，得以感受孩子的善良美好，也直面人性的逼仄阴暗。

青春的心啊，就像一块块水晶，虽透明清亮却也斑斑点点，虽无千疮百孔却也沟壑纵横。

孩子，人都是极度自卑和极度自恋的结合体

学生日记摘选：

> 我真的是太追求完美但又不乐意去动手的人。我也想自己奋斗起来，可我其实没有那种勇气。我自卑到骨子里，但伪装得很好，我是个天生的演员。卢老师说××很善于自我反省，她不知道我不反省的原因是什么。因为去慢慢剖析自己的缺点，然后听到心碎的声音，那种自卑渗透到了我的五脏六腑，太心酸。

如果仅从文字看，我们很容易被文字中渗出的深深自卑所迷惑，我们会猜测这是一个默默无闻的女孩。但其实，她是我们班的第一名，是其他孩子眼中的神话。也许，她这种自卑在别人眼中显得矫情，但在我看来，再正常不过。我自己就是这样，极度的自恋和极度的自卑各居心之一隅，纠缠不清。自恋胜了，便觉春风得意；自卑赢了，便自怨自艾。不以物喜，不以己悲，普通人哪里有这样博

大的胸襟！我把她喊到我身边，现身说法，推心置腹，她带着淡淡的释然离去。

人之宿命的悲哀，在于自视甚重而总不为他人所重，失落和自卑几乎是不可避免的。我知道，在以后的日子里，她还会常常纠结于这样的自卑情绪。我的指导也许是心灵鸡汤，可以治标；却不是灵丹妙药，无法治本。我只是想告诉她，自卑或自恋，都不必太纠结。人人心里都有一个结，解开了就是心蝶，轻舞飞扬；解不开就是心劫，愁肠百结。

老师对你的好，你能感觉到吗?

学生日记摘选：

从上午开始我的心情就不好，老师拿那个黑板刷一刷，落下的满是白灰。上课时，老师把一只手搭在我的桌上，一动不动，就只有在黑板上写题目时才把手拿开。

语文课时，卢老师说要奖励三本书给我们的时候，我聚精会神地听，希望有自己的名字。可没有，我便满不在乎地听。

现在，丑小鸭转眼变成了白天鹅，交了不少朋友，它也非常开心。它大摇大摆地在群鸭群鸡面前炫耀，大声说："我就是原先的丑小鸭！"

这是我们班上最慢热的孩子。其他学生疯狂地喜欢我，但从去年到今年，他在我面前从来没有过任何亲昵的行为。孩子们把我围住时，他总是远远地站在圈外。当我的目光探向他，他就像小鹿一样跑开。好多别人以为开心的事，到他那儿就成不幸了。坐前排是大家向往的，他却因为粉笔灰而坐立不安；事不关己立刻高高挂起，他不会为别人的成功而欣喜；丑小鸭的心本是高贵而谦卑的，在他的想象里却充满了小人得志的报复……显然，他的心灵不够阳光。

我叫他坐在我身边，慢慢地说话。他一边说，一边用手使劲地在头上抓挠。

"是头痒，还是紧张？"

"紧张。"

"卢老师是巫婆吗，这样紧张？还是你不习惯这样近距离和老师坐着？"

"小学六年，我只和老师挨这么近地谈过一次话。"

我明白了，长达六年师生交流的缺失，阻隔了他通向老师的心路，他已经不习惯感受来自老师的温暖。难怪他总是这样冷冷地不靠近我。

"你觉得我对你好吗？"

他沉默不语。

我知道他只是不想我因否定的回答而尴尬。我也不勉强他回答。我知道，些微的勉强也会被他放大成压抑的强制，他已经习惯了把事情往坏处想。融化这块冰，不能用猛火，只能慢慢走入，缓缓感动。

那么，把变化，交给时间来完成吧。我且，尽力而为，慢慢地消融他心里的坚冰。

孩子，一定要降服心里的魔鬼

学生日记摘选：

> 我家新搬来的邻居在屋顶上工作。忽然，我听到"哗啦啦"的声音。原来是他由于屋顶瓦片滑，摔了一下，幸好没有掉下来。我由于没有事，便开始想入非非。比如，幻想他脚滑从屋顶摔下去，或者瓦片塌陷，他一脚陷下去。但最后邻居安然地下来了，我竟有点失望。看来，我要改一下我的这一缺点。

看到这篇日记，我久久沉默。这个孩子命运坎坷，家境贫寒，聪明敏感，从小接受各种各样的资助。一般来说，这样的孩子会特别善良、特别感恩、特别发奋，但其实，很多时候，这只是成人世界的一厢情愿。正常情况下，一个孩子不可能自然而然地把童年的苦难酿成奋进的美酒，大多数不幸的孩子的心理比常人更阴暗。只是很多时候，这阴暗蛰伏在卑微的外表下不为人知；一旦打开这个潘多拉魔盒，人性的丑恶就会肆虐成灾难。鲁迅笔下短衣帮对孔乙己的践踏，比之长衫主顾的漠视，岂不更令人觉得冷到彻骨！

捧着这篇日记，我无端地感觉到责任的重大——这块水晶，若不细心呵护，真是会裂得粉碎。我考虑了很久才找他谈话，语气尽量轻松，怕他因此背上道德败坏的包袱，也怕他感觉不安从此对我关上心门。

"你的想法我理解。你这种不健康的想法，在很多人身上都有。比如，有些人围观跳楼，等了好久看到人家还不跳，竟然不耐烦地说，怎么还不跳啊！"

他愣了一下，表示不可思议。

"是啊，人性的阴暗如果不加以控制，便会使人沦为禽兽，甚至禽兽都不如。人之初，性本善，也本恶。善和恶在一念之间，天使和魔鬼也在一念之间。你接受过很多人的帮助，我希望你记得，没有一种给予是理所当然的，要在心里装满爱的阳光。"

然而，锄恶意，植善念，灌溉人性的美，这是一个长期的过程，我希望继我之后，还有人会继续管理这片有点芜杂的心田。

我不是心理老师，如果说我懂得学生一点点，那是因为我愿意顺着孩子的眼睛和心灵去看世界、想问题；或者，我也不懂，我只是愿意静静地听孩子们絮叨青春的那些困惑和忧伤；甚至，我都没有时间一一细听，我只是愿意给他们一个安全的角落，让他们自顾自地把心情流淌成真实的文字。

捧着青春这块易碎的水晶，我万分珍惜、万分小心。也许，我的呵护填平不了其中的沟沟壑壑，但是，我愿意去理解每一点瑕疵、每一道裂痕，并且，用我的手指给他们看前面明媚的阳光！

12.11 个鞠躬

课间休息时，我在办公室备课，谦谦和锋锋进来报告。

"卢老师，天天把景景弄哭了。他把景景抱住，摔到地上，然后压在景景身上。景景的头撞到了墙壁，撞疼了。景景一直在哭。"谦谦的描述，简洁明了，客观可信。

"他经常这样弄其他同学，好多人都被他弄疼过。"锋锋补充道。天天长得很壮，被他整个儿压在地上，绝不是什么舒服的事情。

"嗯，叫他过来。"我不动声色。遇到事情，不火冒三丈，更不暴跳如雷，对于一个小学班主任来说，这是一种需要长期修炼的涵养。

天天来了，很快。

"天天，谦谦和锋锋的报告是不是事实？"我没有让他们重复，因为他们一定在路上就向天天转述了。

"是的。"

"你为什么要这样做呢？你没有恶意，对不对？"男孩子像小野兽，有多余的精力没处发泄，于是在打打闹闹中释放多余的能量，这是很正常的。千万别随便给男孩子贴上一张"品德败坏"的标签。

"没有。"

"那你为什么反复这样做？"

"我……我就是觉得好玩……"

"我相信你是觉得好玩的。"我若有所思地说，"嗯，这么好玩的事情，你怎么能够只让别人玩呢，你也要自己玩一下嘛。这样吧，上课的时候，我让几个曾经被你压在地上的同学也把你压到地上，也让你好玩一下，可以吗？"我用了一本正经的夸张语气。不管他说"好玩"的理由是否充分，至少我让他相信：我相信了他的理由。我这样做的目的是希望他以后别这样轻描淡写地理由来逃避该承担的责任，别用自己的标准将一件对别人有伤害的事情定性为玩笑。

上课了，我调查了一下，这样被他压到地上并且觉得很难受的人一共有 11 个。我对天天说："人，必须为自己所做的事情负责，如果已经造成损失，那就要尽量把损失减少到最小。现在，你有两个选择：第一，让这 11 个人每个人轮流压在你身上一次；第二，如果你觉得人太重，那么就让他们用书包来完成这件事。你有两分钟的时间做决定。"

他不说话，知道我不是开玩笑，眼睛一红，流下泪来。

我说："别哭，你知道，哭也是要算时间的。"

我不知道大家怎样看待孩子的眼泪——自己孩子和别人孩子的眼泪。总之，当了这么多年母亲和老师，我不会因为孩子流泪就放弃原则，尤其是面对那些喜欢惹事、惹事之后又喜欢哭的孩子。

也许，你要说我冷漠，说我铁石心肠，说我没有教育情怀，但是，我的不妥协基于这样一个原因：我们的小学教育太甜腻了，太多表扬、太多鼓励、太少客观评价、太少适当惩罚；我们举无数人之力，把小学教育打造成了一颗糖——而孩子们吃多了这样的糖，精神是要缺钙的。

显然，这两个选择都非天天所愿。两分钟后，他的泪流得更汹涌了。

我知道，以天天的性格，他不会做出选择；或者即使他选择，孩子们也不会真这样以牙还牙。我只是想让天天的心，在这种逼迫下受到触动。

"那好吧，我让这 11 个同学上来，你对他们每个人诚恳地鞠一个躬，说一句'对不起'，然后等待他们的原谅。如果他们原谅你，那是因为他们宽容；如果他们不原谅你，那也是他们的选择。要知道，不是你道歉了，就一定会得到原谅的。"

天天一边哭，一边鞠躬说"对不起"。孩子们都很宽容地说"没关系"。其中，航航最有风度，他也对着天天鞠一躬，然后说"没关系"。每个孩子的修养都在细节中展露无遗。

鞠躬完毕，我问孩子们："你们觉得天天以后还会这么欺负人吗？"

孩子们说："不会了！"

我说："可能还会的。一个人行为习惯的改变，不可能这么迅速。但是，我相信，天天以后在做类似事情的时候，会想起这'11个鞠躬'。这样，他打人的拳头就会绵软一些，他顽皮的行为就会收敛一些，说不定慢慢地就真的不欺负人了。我记得前几天的秋游活动，他任劳任怨地烧烤食物，一一分给大家吃，是真正的暖男一枚哦。"

我又转头对天天说："我喜欢那样绅士的你。"

事情处理完毕，我们开始上课——臧克家的《有的人》。通过学习，我们不仅知道了何谓"不朽"，更明白了"要把自己的快乐建立在别人的快乐之上，而不要把自己的快乐建立在别人的痛苦之上"的道理。

"让别人因为我的存在而更加快乐。"我板书了这句话，并且看着天天的眼睛，一字一顿地说。

他若有所悟。

后来，在天天的日记中，我看到了这样的话：

学完《有的人》后，我知道了把自己的快乐建立在别人的痛苦之上的人，迟早会众叛亲离；把自己的快乐建立在别人的快乐之上的人，会有越来越多的朋友。我想让别人因为我的存在而更加快乐！

我想，至少，这11个鞠躬让天天懂得了自省。

如果，小学老师都是甜甜的糖，那么，就让我做一粒盐，做一个咸咸的异类吧。

13. 不妨较真

当我扮演着教师特别是班主任这个角色的时候，我有很明显的双重性别。我有母亲般的温柔，也有父亲般的严厉。当学生的错误涉及原则和道德时，我会固执地跟学生较真。

就我看来，我们在教育孩子的过程中，有太多毫无原则的退让、宽容和包揽。我们把教育变成一件甜腻的事情，非但不能培养出精神强健的下一代，反而使我们的孩子变得脆弱敏感、不负责任、不能承担。

那么，孩子们有我们想象的那么脆弱吗？

其实没有。

5月30日上午，我们班去学校隔壁的市十四中大礼堂进行六一彩排。彩排完之后，我在礼堂处理一些事情，孩子们在礼堂外面的羽毛球场等我。七八分钟之后，我出来时，看到了这样一幕：十几个孩子在玩球场一角的废弃泡沫塑料板，他们把泡沫板撕得粉碎，在空中扬起来模拟下雪的场景。太阳很耀眼，整个羽毛球场白花花的一片，很刺眼，也很令人惊心。也许孩子们觉得用这像柳絮一样的泡沫制造出的"六月雪"很美吧，所以玩得不亦乐乎——但老实说，我真气疯了！

我不知道为什么孩子们没有想到这会弄脏地面给保洁员带来额外的沉重负担，因为这是显而易见的；我不知道为什么没有其他的孩子制止这种明显的错误行为，因为还有那么多在一旁看着的孩子。我当然知道贪玩是孩子的天性，但是天性不等于正确。天性是一匹野马，需要"公德"去驾驭。

我决定给每个参与了这种行为的孩子以打手板的处罚。

老实说，我偶尔是会打孩子的手板以示惩戒的。对于小孩子来说，身体的疼痛会比言辞的说教记忆得更久一点。

但是，我改变主意了。

　　我想，我为什么不让孩子们自己去把球场打扫干净呢？我为什么要用一把尺子带来的疼痛，消减孩子对错误后果的承担呢？

　　我说，我不处罚你们，中午，你们自己去把球场打扫干净。

　　五月底的太阳已经很晒，羽毛球场也没有遮阴的地方，碎成柳絮状的塑料泡沫像顽皮的孩子一样难以抓住。我有些不忍心，想放他们一马，但是，我知道，正因为这种类似的行为以前被原谅得太多了，才导致了今天他们的肆无忌惮。宽容除了使他们当时有一种逃脱处罚的窃喜之外，毫无意义。

　　于是，我坚持了。

　　中午，最先玩这个游戏的泽泽和航航把羽毛球场扫得干干净净。据他们说，有些地方的泡沫扫不出来，是用手去抠的。我表扬了他们的辛勤劳动，还奖励了他们巧克力。两个孩子很高兴，乐呵呵的，也没有一点痛苦的样子。

　　我相信他们有一种如释重负的感觉，而且下次大概就会记得管好自己的手，不做类似的妨碍他人的事。只有那些被弥补了的过错，才会把阴影带走，把教训留下。

　　在泽泽和航航去扫地的时候，我其实也蛮担心的。我担心他们在路上打架，我担心他们摔跤，我担心他们溜出校门去玩……我惴惴不安，直到看见他们生龙活虎地重新出现在我眼前，我才如释重负。

　　突然，我明白了一件事：宽容，其实是比较真更简单的一件事。我们宽容孩子的时候，也放过了自己。也就是说，我们不必绞尽脑汁去琢磨让孩子改正错误的办法，也不必花过多的时间去追踪孩子改正错误的过程。

　　可是，教育孩子，有些时候必须较真啊。

14. 放你在我心上

一天下课后不久，瑄瑄等五六个孩子涌进办公室，一脸天塌下来了的着急。瑄瑄说："卢老师！卢老师！远远把金鱼缸打破了！水流得到处都是……"

我拍拍她的背，慢条斯理地说："有人受伤了吗？"

"没有！"

"鱼儿得到妥善安置了吗？我记得柜子上面好像还有一个小塑料盒子可以用来装鱼。"

"已经装进去了。"

"有人的衣服被打湿了吗？"虽然才十月份，但是，天气俨然寒冬。

"没有。"

"那么，你们五六个人都跑来这里，谁在现场清理玻璃碴呢？"我微微笑着，看着瑄瑄。

瑄瑄冰雪聪明，立刻说："我去扫玻璃碴！"然后转身冲出办公室，瞬间又恢复了"风一样的女子"的本色。

"小心一点！"我追出门外叮嘱着，估计她也没有听到。

我想，我的言行教给了孩子们一种处事的态度：在突发事件中，人的安危始终是要放在首位的；接下来是及时止损，把损失降到最小。

155班，不知为什么，是"磨蹭小孩"的大集合。开家长会时，我一问到谁家的孩子有"拖拉磨蹭"的现象，家长们的手就像雨后春笋一样举起来，教室里一片"同是天涯沦落人"的感叹唏嘘。

磨蹭的可恶，就在于它是一张无形的网，捆住了孩子们的自由时间，使孩子们在"该做的事自己不想做，想做的事父母不让做"的泥潭里举步维艰。

通过和家长交谈，我了解到嘉嘉每天做作业到十一点，有时候竟然到了十二点以后。难怪这孩子总是两眼无神，一副疲惫不堪的样子。我决定电话"遥控"他的生活节奏，让他尽量早点入睡。

第一天，我晚上九点钟打电话，他说他的作业做完了，电话那头的喜悦穿越城市的夜空，清晰地传过来。他妈妈也很开心——这种速度，算是破天荒的奇迹了。他放学回家就跟妈妈说了，今天晚上卢老师会打电话问我做作业的速度，我希望告诉她的是一个好消息。

第二天，晚上九点钟我又打电话，他汇报说作业完成了。

第三天，同样的时间再打电话，他汇报说作业早已完成。

事不过三。第四天，我就没有打电话了。

后来，我追踪调查，他很自豪地说，我现在一般都能够九点钟就睡觉。

我私下以为，九点睡和十一点睡，对于一个四年级的小孩来说，是幸福和不幸的分水岭。

只要想到嘉嘉曾经常常晚上十一点后睡觉，再稍微想一想小学高年级、初中、高中逐渐加重的学习任务，我就有一种替他们一家忧心如焚的感觉。

布置语文作业时，我喜欢让孩子们造句。造句是我小时候语文学习的美好记忆，我总觉得，每一个句子都是一个小小的精灵，跳动着一份小小的悲喜。

我让孩子们用心经营句子，也用心批阅他们创造的快乐，并且把他们自己创造出来但是浑然不觉的美广而告之。

每次批改句子之后，我都会认真点评句子。有一天，我说，今天所有的句子里，最棒的是江源用"涟漪"造的句：

"我坐在池塘边，捡起小石子向水中扔去，水面荡起一圈一圈的涟漪。这一圈圈的涟漪，是池塘的年龄吗？"

我说："要多有悟性，才会把池塘和树木、涟漪和年龄联系起来呀！"江源的脸上溢满了自豪。

我说，第二棒的句子是文韬的。

他听到我的话，难以置信。因为在每个小组挑选一个句子作全班交流的时候，他们小组并没有选中这个句子。

他的句子是这样的："我走在泥泞的小路上，虽然鞋子上都是泥巴，但是这多么像爸爸妈妈小时候的感觉！"

我说："这个句子最美的地方，是有一种暖暖的怀旧的味道。现在，我们走在柏油马路上，干干净净的。其实，爸爸妈妈小时候走在泥巴路上常常把鞋子裤子弄脏，也别有情趣哦！"文韬的眼睛瞪得很圆，他可能无法预料，他无心之中创造的这个句子，在课堂上氤氲成了一股融融暖意。

作家张之路来的时候，给孩子们讲了一个勺子和萝卜汤的故事。雅清问了张之路先生一个问题："如果勺子会孤独，那么汤会不会伤心呢？"张之路当时的回应是："我还没有想过这个问题呢，因为汤没有形状，不太好写。"

散会后，我勉励雅清，大作家没有写过的题材，说不定你可以写写呢。

雅清果然写了一篇《萝卜汤历险记》——这就是孩子，初生牛犊不怕虎。

雅清的童话写出来后，我打电话给活动主办方，希望他们能够在小孩子和大作家之间搭起文学之桥。

对方欣然应允。

我多么希望，张之路先生能够收到这一份亮闪闪的童心，并且能够给予一份沉甸甸的鼓励。

我多么希望，我是一个造梦的天使，能够把一个一个的梦，种在孩子们心田，然后看着所有梦想都开花。

小言吃饭不乖，我会经常去看看他吃饭了没有；憬憬总是睡觉很晚，于是我偶尔要问一问他什么时候上床；小钰开学之初买了一只小鸭子，我隔三岔五地问问她的鸭子长得怎么样；轩轩的语言能力不够强，我叮嘱他天天给弟弟读绘本提高语言的感受力；小飞写作文总喜欢用拼音代替汉字，我悄悄地告诉他查字典的方法……有时候，我觉得自己真是"太平洋的警察"，管得很宽很宽，但是，在烟波浩渺的茫茫水面当一个摆渡人，渡人，不亦是自渡吗？

放你在我心上，不过是万千人中多看了你一眼；放你在我心上，不过是在万千人中多听你说了一句话；放你在我心上，不过是在万千人的表情中捕捉你的笑靥如花；放你在我心上，不过是在万千人的心绪中聆听你的喜怒哀乐……放你在我心上，其实是在万千人中，仍然把你当作独一无二。

孩子们，于我而言，你们每一个人都是一棵开花的树，长在我生命的路边，每一朵的盼望，每一朵的深情，每一朵盛放的喜悦，我都愿意放在心里，细细珍藏。

15. 我和文小丫的故事

　　文小丫是 152 班的一个女生，是我众多学生中的一个。我和文小丫的故事，其实也没有什么特别的，无非就是围绕着上课和下课、表扬和批评、进步和退步等常规生活的一些琐琐碎碎的事情——甚至都称不上故事。

　　但是，文小丫又的确与众不同，她就是天地宇宙之间唯一的存在。而我和她的故事，其实也是前无古人、后无来者，只属于我和她。

　　文小丫真名不叫文小丫，叫文景妍。她妈妈说，这个名字来自"文景之治"，本来想叫文景，后来细细思量，不妥当，名字太大，遂在"文景"之后添一"妍"字，既谦逊了许多，又突出了女孩子的特征。

　　文小丫除了叫文小丫，还有一个名字，这个名字是我和她妈之间的秘密——蜗牛小姐。蜗牛小姐，顾名思义，做事磨蹭。我刚来 152 班当语文老师的时候，文妈告诉我，蜗牛小姐每天晚上做作业，要磨蹭到 11 点。作业如果多也就情有可原，可我们学校家庭作业是出了名的少！我说，这样磨蹭，上了初中，真是连哭都没有时间——因为，哭也要花时间啊！

　　于是，我和文妈商量，对文小丫开启了 21 天作业提速计划。我要求文小丫每天晚上完成作业之后向我报告作业完成的时间，从 10 点到 9 点半再到 9 点甚至更前面，文小丫完成作业的速度慢慢快了一点。对于磨蹭的孩子来说，21 天的提速计划并不是一劳永逸的，更大的意义也许在于，让孩子体验到作业完成之后还有大把空余时间的成就感以及能够自由支配时间的那种满足感。如果孩子体验到并且沉迷于这种喜悦，自然就不愿意在磨蹭拖拉的泥沼里摸爬滚打了。

　　后来，据文妈和文小丫讲，我对她们一家的莫大贡献，便是文小丫作文水平和写作速度明显提高。据说，以前，一遇到家庭作业要写作文，她们一家便如临大敌，应酬的不应酬了，散步的不散步了，全家上阵，共同打怪兽——作文。现在，文小丫能够独立完成作文，不仅文理皆有可观者，速度也正常了。所以，文妈说，卢老师不一定拯救了银河系，但是，绝对拯救了她们家的幸福。

其实，拯救了文小丫的作文的，不完全是我，更大的功臣是她们家的狗狗。小丫是独生子女，但她从不寂寞，因为她养了两只狗。小丫对这两只狗可谓尽心尽力：每天放学了要先遛狗再写作业——虽然我怀疑她的磨蹭和遛狗有关，但是，我也能够理解狗狗对于一个独生子女甚于家庭作业的意义；小丫的零花钱都舍不得花，存起来给狗狗买衣服、买鞋子、买零食；小丫给狗狗洗澡的动作极其温柔，让狗狗无比享受；小丫从不和狗狗抢零食，尽管狗狗的火腿肠的确很诱人。当然，文小丫对狗狗的负责更体现在她遛狗的时候会做一件绝大多数人不会做的事情——捡狗屎。这是对狗狗的爱，也是一种深入骨髓的教养。

而狗狗对文小丫的最大回报，也许是无穷无尽的写作题材。每次写作文，只要有可能，文小丫一定写和狗狗有关的故事。写两只狗狗迥然不同的性情、写两只狗狗的窝里斗和一致对外、写两只狗狗的卖萌撒娇求抱抱……文小丫写了一系列的狗狗作文，所以，我戏称她家的狗狗为"拯救了文景妍一百万次的狗狗"！

鉴于狗狗对于文小丫的比山高比海深的恩情，狗狗成了文小丫判断事物的标尺。

期末复习的时候，我们天天听写、默写，全对则有小红旗高高飘扬。文小丫基础还不错，但是就默写一事来说，她属于典型的丢三落四外加小眼昏花型，所以，小红旗常常因为她某一个字多一笔少一笔或者写了一个让人啼笑皆非的同音字，就此飘过。好不容易，小丫已经连续两次得到了小红旗。第三次默写正是星期五最后一节课。放学了小丫不走，在办公室黏着我，欲言又止的样子。

"什么事？从实招来！"

"卢老师，你可不可以先改我的默写本？我已经连续两次得小红旗了。我妈说，连续三次得小红旗，就带我吃肯德基！"

"这样啊，我可以先改你的。但是，你去吃肯德基，要分我一个鸡腿！"我乐于成人之美，更善于"敲诈勒索"。

"成交！"

果然又是一面小红旗。

星期一，我就忘记这回事了。

星期二上午，我突然想起来，喊住文小丫："说好的鸡腿呢！"

中午回校上课，文小丫带了一大桶薯条、鸡块之类的东西。办公室里浓香馥郁，满满都是肯德基撩人的味道——当然，被撩的不是我，而是那些闻香而来的馋孩子们。于是，大家乐呵呵地分吃了这一大桶薯条、鸡块，全班至少有一半的孩子分到了至少一根薯条——一根薯条也是分享嘛！到校晚一点的孩子，肠子都悔青了，仿佛抢红包错过了一个亿。

下面是我和小丫的对话：

"小丫，你是用自己的零花钱买的吗？"

"是的。"

"你的零花钱平常都用来给狗狗买零食。这次，我岂不是抢了你们家狗狗的口粮！"

"嗯，确实是那么一回事！"文小丫回答得毫不含糊。

"那么，在你心目中，我的地位和狗狗的地位，谁的高一点？"

"嗯，嗯，好像还是你的地位高一点！"好家伙，吓出我一身冷汗！我要是连一只狗都不如，这以后还怎么做老师？！

小丫的成绩不算太好。这好理解，学习成绩和磨蹭习惯，其实是互为因果的——或者，这磨蹭，也是因为小丫追求完美的个性使然。小丫做的作业，干干净净，一笔一画，一丝不苟。有时候，我们要求发送语文或英语的朗读、演讲视频，有些孩子随随便便穿着睡衣拖鞋就入镜，但是文小丫每次都着装整齐，头发梳得一丝不苟，背景里的花花草草与衣服相映成趣，还从来不用同一品种。这样重视细节，她自己的表现当然也是无可挑剔的。我想，这种仪式感，这种追求完美的努力，未必不是通向幸福的康庄大道啊。

小丫的成绩不算太好。这也可能和她的性格有关，因为天性温良，也因为父母宠爱。小丫对学习成绩一事，抱着与世无争的态度，她妈妈在"蜗牛小姐"之名号外又赐她一个"佛系少女"的雅称。这佛系少女自己倒是乐呵呵，幸福指数超高，但是关心她、在乎她的父母老师还是会暗暗担心——你与世无争，未必世界就对你温柔相待啊。

临近毕业了，孩子们即将走向初中，那是一个学习更加紧张、竞争更加激烈、以成绩分数"论剑"的成长阶段。我不知道文小丫是否还能够像小学那样从容淡定、单纯得没心没肺，我也不知道初中的学习环境能不能允许一个孩子以自己的节奏不紧不慢地成长，我更不知道将来的社会能否善待一个愿意在英雄路过时鼓掌的人。我唯一知道的是，年岁渐长之后，我对于孩子、对于学生有了越来越多的耐心和包容，我越来越能够接纳生命的所有状态，我越来越坚信卢梭的话：教育即生长，除了生长，别无目的。那么，野蛮的生长，或者优雅的生长，就都是可以值得欣赏的生命状态。

在未来的生活里，对于文小丫，我希望，岁月不改其心，红尘不染其性，希望她继续被温柔呵护，继续单纯地幸福。

嗯，我和文小丫的故事，真没有什么特别的。

辑二 ●

我们在一起 ⋰

1. 每一个人都是自己的天使

"有一天，老师对我说：'你虽然不是最漂亮的，也不是最优秀的，也许你一直都为自己太普通而自卑，但请你记住，你绝对是唯一的！无论古今，不论中外。'我永远地记住了这句话，并且常常感到一股从心底而生的力量。"这是我从一位胆小自卑的女孩的作文中看到的一段话，文中的老师就是我。我的确曾对她说过这样的话，但我没想到，这次班主任与学生的例行谈话会给她带来这么大的影响——她是如此看重这个唯一！

"我是唯一的！"这是一个多么显而易见的道理，可是长期以来却被很多人忽略。有多少学生隐没在别人的光辉里，看不见自己；又有多少学生在师长的比较里，迷失了自己。人，如果迷失了自己，沉溺于自卑，无异于是一种精神的自虐！我是如此地热爱我的学生们，我难道不应该带领他们走出自卑、迷失的沼泽地吗？

"每一个人都是自己的天使，是美丽和力量的共同体。"班会课上，我站在讲台上说。我看到学生们脸上表情各异，诧异、赞同、欣喜、思考……我看不到自己的脸，但我知道，此刻，我一定是庄重而坚定的。我决定为我的学生做一件有意义的事——帮他们发现并肯定自己的优点，叫他们抬起头来走路！

在毕业之前，我决定给每个孩子颁发一张"天使证书"。我们这样一点点地把这个想法变成现实：

第一步，我和班干部同学一起商量，找出每个同学一个最显著的优点或长处，授予他"××天使"的头衔；第二步，每人发一张同样规格的空白纸（与身份证同样大小），学生自己设计图案，并留出空白写上"××天使"；第三步，写上班级名称，盖上我的私人印章，以纪念这独一无二的班级；第四步，去照相馆过塑，便于长久保存。这样，每人一张的独一无二的"天使证"就做成了。

学生们为这件事投入了空前的热情，每个人的设计都别具匠心，当过完塑后的一张张"天使证"摆在我面前时，我涌起一股想全部据为己有的贪婪。

一起来看看我们的"天使档案"吧。

曾妮——"艺术天使"。她是一个不幸的女孩，也是一个令我肃然起敬的学生。一岁时因为意外事故被严重烧伤，全身伤痕累累，双手没有一个手指达到正常的长度。可是，就是这样一个残疾女孩，却有着乐观善良的性格；这样一双残缺的手，却握起了绘画的笔。她克服了常人难以想象的困难，勤学苦练，两次在县艺术节美术比赛中获得一等奖。她的形貌说不上美，但她走进了艺术的天堂，体验了美，创造了美，"艺术天使"评给她，实至名归。她的卡片上画着一个托腮凝视夜空的女孩，那种神往的表情，令我感动了很久。

曾琴——"微笑天使"。她是一个成绩很普通的女孩，也没有什么特别的技能，但她有一个显著的特点——爱笑，而且笑得特别灿烂纯真，她的笑能使人心情豁然开朗，有如春风拂面。我曾经从收音机里听到一段话："奉献吧，如果你有财富，请奉献你的财富；如果你没有财富，请奉献你的力量；如果你没有财富和力量，那么，请奉献你的微笑吧！""微笑天使"，多么有意义的存在！

方盾——"创造天使"。这是班上最让我头疼的一个学生，对他，我软硬兼施，而他软硬不吃。他好动，好讲话，好把一件东西弄坏再装好。不论上课还是下课，他总在捣鼓着什么东西。有一次，我坐到他的位置上，立刻被他的桌子吸引住了。这是一张经过改装的课桌，功能齐全，实用美观。其他同学告诉我，他的很多东西都被他改造得更实用、更好看了。我忽然原谅了他的好动、多话、捣乱了。谁说每个孩子的成长都应该循规蹈矩、千篇一律呢？

善解人意的方雪是"安慰天使"，笑话连连的蒋奇是"幽默天使"，解题特快的周觉是"高速天使"，滔滔不绝的姚志是"神侃天使"，沉稳内敛的方立是"文静天使"，性格开朗的方丹是"乐观天使"，能歌善舞的魏娟是"表演天使"……

　　我们班不再是一个普通的班，而是一个天使的国度；我的学生不再是沉默的大多数，而是昂然挺立的强者！细心的学生们没有忘了我，他们悄悄制作了一张同样规格的"天使证"，上面写着"最佳班主任"，在毕业前夕放在了我的办公桌上。他们从来没有忘记——我，也是他们中普通的一个！

　　6月，我的天使们告别了初中生活，信心十足地走向前方的路。我用关注的目光铸成一条长长的路，伴他们远行。

　　在那道目光铸成的长路上，我仍在对他们说："每一个人都是自己的天使，记住，你是唯一的！"

　　我还将对我的下一届、再下一届的学生说："你是自己的天使，你是唯一的！你很重要！"

2. 真情涌动家长会

我说："孩子们，期中考试结束了，学校要召开家长会。"

台下一片悲鸣。

我说："孩子们，别怕，这次家长会以表扬为主，老师会告诉爸爸妈妈如何欣赏并激发你们的内在潜能。我们的家长会不是告状会，是家长培训班哦。"

台下一片欢呼："理解万岁！"

我说："孩子们，这次家长会你们要唱主角，夸夸我们班。组长夸组员，学习委员夸组长，班长夸班干部，语文课代表夸其他课代表，我就夸夸班长、学习委员和语文课代表。你们要把最好的一面展现给你们最亲爱的爸爸妈妈爷爷奶奶。至于具体事务，老规矩——班长，这些交给你了，你负责到底，我就不管了。"

班长做着鬼脸："老师，这么大的事你也不管了啊？"

我说："那是的。你办事，我放心！你点头还是摇头？你要是摇头，我就找学习委员了。"

班长敬了个礼，来了句英语："Yes，Madam！"

家长会定在星期五下午开。上午有全县的教学开放日活动，我要上公开课，还要作专题报告。

我说："孩子们，上午第四节课我要作报告，你们趁第四节课时把教室布置一下吧。家里要来客人了，我们打扫庭院，迎接贵客。"

等我作完报告回到教室，地板已经拖得一尘不染，桌椅已经摆得整整齐齐，黑板已经绘上一家三口手拉手的图案。小锦在"道德明灯"处贴上了自己书写的"百善孝为先"，纸张精美，字体苍劲，显然早有准备。小云用隶书写了一条"温馨提示"贴在前门："亲爱的爸爸，为了我们的健康，请不要吸烟！"下面是小健用楷书写的提示："亲爱的爸爸妈妈，请遵守纪律，给我们做好榜样。"

小韦设计了个"No Smoking"的标志贴在后门，图画得有点粗糙，想是怕有人从后门进来看不到前门的"温馨提示"而赶制出来的。

我说："孩子们，太谢谢你们了。你们回去就跟爸爸妈妈说三句话——爱我就请去参加家长会；爱我就请准时到会；爱我就请遵守纪律。有这三句话，我们的家长会将会很完美。"

果然，下午两点开会，一点五十时，家长全部到齐；持续三个多小时的家长会，没有人插话，没有人吸烟，没有人接电话。到会的家长，有公务繁忙的政府部门领导，有带着小孩的年轻妈妈，还有白发苍苍、步履蹒跚的爷爷奶奶，他们无一例外地都安安静静地参会。这，不能不说是个奇迹！

开会时，学生们有的挤坐在教室后面，有的偎依在爸爸妈妈身边，有的忙着端茶递水，有的准备发言，一切井然有序，忙而不乱。

因为上午的安排，下午都一一到位。

上午，我说，谁还想到要做什么事吗？小楠和欣瑜要求泡茶。

下午，她们买来了茶叶茶杯，还从家里提来了开水瓶和开水。

上午，我说，谁家有摄像机啊，录个像留个纪念呗。

下午，江波的爸爸请来了一个专业摄影师全程录像（周一，江波就带了十几张光碟分给每个发言的学生）。

上午，我说，家长来了找不到教室怎么办呢？力力兴奋地跳起来："老师，我举着班牌站在楼梯口，这样家长一来就可以看见了。"

下午，他落落大方地在楼梯口迎宾，看着真叫人喜爱。

上午，我说，学校发了签到册，谁可以负责这件事？锦锦抢着说："我和汀汀吧。我妈妈在县政府搞接待工作，我有经验！"

下午，她们彬彬有礼，笑意盈盈，确实有点专业范。

一切准备停当，家长会准时开始。

学校广播会开完之后，班级活动正式开始。

我说："家长朋友们，下午好！今天阳光明媚，天气很好，又是美好的一天。我常常觉得我是上天特别厚爱的人，不仅给了我慈爱的父母、体贴的爱人、乖巧的儿子，给了我温情的同事、听话的学生，居然还让我遇见这么多通情达理的家长朋友。我无以为敬，给大家鞠个躬，感谢大家为学校、为国家培育了这么优秀的孩子！待会儿主要是你们的孩子发言，请你们把掌声送给他们，他们需要来自亲人的肯定。鼓掌要用力啊！"

此后，有很多次掌声，每一次都异常热烈。

孩子们上台，敬礼，自我介绍，发言，敬礼，下台，一个比一个大方，仿佛彩排过了一样。我就在旁边微笑着看，偶尔点两下鼠标，切换一下投影屏画面，颇有"待到山花烂漫时，我在丛中笑"的味道。

家长会进行过程中，发生了一件小事。

第十组组长诺芳生性敏感胆小，轮到她发言时，她紧张得满脸通红，刚开始声音还好，讲到一半时声音颤抖得不行，最后讲不下去了，她把脸深深地埋着。我扶着她瘦削的肩膀说："你要坚持吗？如果你放弃，下次遇到同样的事你可能还是会选择放弃；如果你挺住，你就战胜了心里的魔鬼。坚持好吗？"大家屏住呼吸等她作出选择，她爸爸也在台下鼓励她，可她还是摇摇头。

这一刻，我觉得特别心痛：她承受了多大的压力才走上讲台啊，前面每一个组长的精彩发言都是敲在她心钟上的锤，一锤一锤地预告着她上台时间的缩短。她想着要怎样完成对于她来说不亚于"历史使命"的发言，可最终还是不得不放弃，真是难为她了。

我说："诺芳选择放弃，我们大家尊重她的选择，好吗？"掌声响起来，不是特别热烈，但是很久，很久。我知道，那是仁厚的家长和友爱的孩子们，在向诺芳表达坚定的支持。

家长会最后，我让所有的学生都站起来，一起观看绘本故事《爱心树》，我为所有人朗读。音乐在流淌，画面在切换，我的声音温暖而深情。渐渐地，教室里变得异常宁静，甚至有了庄严的味道。故事里，男孩越来越大，苹果树越来越老，她为男孩倾其所有，最后只剩下一个树桩，却还想着这正好可以供白发苍苍的"男孩"休憩……读着读着，我想起我的父母，我想起天下所有的父母，终于忍不住潸然泪下，哽咽得念不下去……掌声响起来，一位家长递过一张纸巾。我看看教室，像我一样情不自禁地流泪的家长和学生不在少数。

我说："孩子们，听完这个故事，你们想说什么？"

"父母是这个世界上唯一还没有认识我就已经爱上我的人，所以，我们要无条件爱我们的父母，即使有时候他们显得并不那么可爱！"他们大声呼喊着——那是我开学第一天教给他们的话，他们都记得。

我说："孩子们，我要和家长说几句悄悄话，你们不要听啊。第一，孩子缺乏安全感，是因为他得不到肯定，所以，请一定要欣赏您的孩子；第二，孩子的世界不同于成人的世界，所以，同孩子说话，请蹲下身子，从他的角度和高度看问题；第三，孩子不缺钙，缺的是锻炼；孩子也不缺爱，缺的是感受爱和付出爱的能力，所以，如果您真的爱您的孩子，请一定让他感觉到，并且让他也同样爱您！"

我说："家长朋友们，我要和孩子们说一句悄悄话，你们也不要听啊。孩子们，爸爸妈妈只是想给你他们认为最好的东西，所以，无论如何，要理解这种无条件的爱！"

教室里，父母和孩子早已经拥抱在一起。

我说："今天的家长会就到此结束了。家长朋友们，现在，你们可以牵着孩子的手，漫步在小县城温暖的夕阳里，聊聊天，散散步，谈笑着一起回家了！"

班长带着组长整理教室，十几分钟后，一切又恢复如原来那样。我对着教室里整整齐齐的课桌微微笑了一下，轻轻拉上门。走出校门，我骑上自行车，飞快地骑行在回家的路上。风吹起我的刘海，飘飘扬扬，心情舒畅到想飞……

我想，今天晚上，我要打个电话给诺芳的爸爸，跟他谈谈孩子的教育问题，然后看一场早就想看的电影……明天睡到自然醒！

3. 这点小钱，俺有！

我是一个老师，收入一般，没有财力挥金如土，但是，为学生花一点小钱，我有。

我会花钱买书送给那些表现特别好或者特别爱书的孩子。在我看来，花的是小钱，买的是好书；送出去的是情谊，收获的是孩子对于经典阅读异样的亲切和珍视。犹记得，我的第一本课外书，也是整个初中阶段唯一一本属于我的课外书，是《红岩》，初一参加作文竞赛时学校发的奖品；犹记得，我上台领奖时，阳光灿烂，颁奖老师的笑容也很灿烂，而所谓"台"不过是一块略为平坦的高地，泥土在记忆里鲜明地红着；犹记得，江姐的英勇不屈、双枪老太婆的神秘莫测、渣滓洞与外界秘密联络的惊险刺激，那是革命浪漫主义和我的少年青葱岁月的注脚。虽然《红岩》的内容我现在已经记不分明，但我爱上阅读，以及后来喜欢写作，《红岩》功不可没，我的老师亦功不可没。

如果一本书能让一个学生爱上阅读、爱上经典，这点小钱，俺有！

每次捐款，我都会比我们班捐款最多的学生多捐一元钱。一年之中，大大小小的捐款总有三四次吧，孩子们难免有点麻木。我的"比捐款最多的学生多一元钱"的捐款原则，或多或少是一种提醒：能够付出，便是幸福。因此，无论何种理由，何种方式，我们班的捐款，总会比别的班多出不少。

用一点小钱，引领大大的善意，这点小钱，俺有！

课内课外，我会给孩子们一些小小的奖励或鼓励。有人默写连续几次全对啦，有人连续几天心情不好啦，或者有人平时不举手但偶尔回答了一个很有水平的问题啦……我就奖一颗棒棒糖。孩子们不相信，说："老师，你真有棒棒糖啊？"我就掐指算给他们看：阿尔卑斯棒棒糖5毛钱一个，整袋买4毛钱一个，20元钱就能买50个，这点小钱，俺有！孩子们领了棒棒糖，总是笑眯眯而去，往后的日子表现一般都不错。孩子啊，多大了还是孩子，还是喜欢吃糖的。看着孩子们的笑脸，我不禁想起唐太宗那"天下英雄尽入我彀中"的感叹。

4毛钱换一个孩子的喜悦，这点小钱，俺有！

有个孩子，家境很特殊，天凉了，还穿着一双旧布鞋，我仔细一看，他还没有穿袜子。我就说，我给你买双鞋子吧。孩子懂事，不肯告诉我尺寸。我说，你说吧，我虽然还是个房奴，但兜里还有几个小钱。我给他买了一双运动鞋，顺便还买了一双袜子塞在里面。我问他喜不喜欢，他说，老师买的我都喜欢。第二天他就穿上了，鞋带系得特别有型。但愿，这双鞋子可以陪他的脚走过这个冬天。

如果可以温暖一双脚，这点小钱，我想我有！

帮一个生病的孩子打的士回家，5元钱；隔三岔五买一瓶酱菜给孩子们做早餐下饭菜，8元钱；买一盆绿萝放在教室里，20元钱；买一盒创可贴、一瓶万应止痛膏，30元钱……都是一些小钱，拿出来尚不至于"伤筋动骨"的小钱，俺有。

俗话说，群众的眼睛是雪亮的。而孩子们的眼睛尤其清亮。他们看到了老师解囊，他们也学着慷慨；他们看到了老师大方，他们也尽量不计较；他们看到了老师的体贴，他们也试着温情脉脉。六十几个慷慨、不计较和温情脉脉的孩子，是一个幸福的集体——花一点小钱，却买到了无价的真情，我其实深谙一本万利之道啊！

所以，为孩子们花点小钱，俺有，而且一直愿意！

4. 老师，教室里有一只鸟！

"老师，教室里有一只鸟！"

冰雨睁着乌溜溜的眼睛兴高采烈地来办公室报告。那表情，让你觉得教室里那只鸟，不是丹顶鹤就是金丝雀。

我不由自主地随她往教室走去 慢簇拥起一大帮欣欣然的孩子，像一群叽叽喳喳的鸟雀。

原来是一只成 漉漉地耷拉着，应该是早上那场大雨的杰作。

"怎么回事？"

"方卓在路上捡的。

"我上学时在路上捡的。"

"他不捡来，就会被别人踩死的。"

……

一时间，教室里如群鸟乱鸣。

方卓小心地把鸟儿递给我。我接过来，捧在手里，暖暖的，柔柔的。这是我第一次把这么大的鸟儿捧在手心里。

鸟儿微微转动脖子，一点儿也不惊慌，很温顺的样子。我高兴起来，兴致勃勃地对孩子们说："过来，孩子们，卢老师给你们讲讲什么叫流线型，为什么流线型可以减少飞行的阻力……"

不知道谁说了一句："卢老师教过生物的，知道不？"是调侃的语气。

"他不听话，鸟儿，你去啄他！"另外一个孩子又调侃那个调侃我的孩子。

大家正笑成一片，上课铃响了，但不是语文课。我说："我还是先把鸟儿带到办公室去吧。要不然上课时你们会念着想着的。如果鸟儿再唱几句，恐怕上课的老师要不高兴了。下课后你们找个地方放了它。"

"要等它羽毛干了才能放。"

"要放到没有人的地方，否则别人还会捡去的。"

"最好放到学校的果园里去，那里树多，又没有人。"

……

又是一片叽叽喳喳。

最后大家决定下课后由冰雨去完成这项使命，外加嘉雯保驾护航。

课间休息时，冰雨回来报告说，鸟儿已被放在果园的地上了，因为倘若放在树上，鸟儿羽毛还没有全干，会掉下来的。

后来，她又去看了，确信鸟儿已经飞走了。

这一天，不断有孩子问我鸟儿怎么了，语气里尽是担心和关心。

我说："别担心，大自然是它的家，再大的风雨它也必须独自去迎接，它会适应的。你们好心地保护它，也许是一种伤害呢。为了奖励你们的善良可爱，我给大家讲一个笑话吧。"

"桌上有一缸漂亮的热带鱼。美国人说，这肯定是我们美国的品种；日本人说，这鱼的生活习性怎么样，我们日本能不能引进；法国人说，这鱼在哪里买的，我要去买一缸送给我的情人；中国人说，这鱼真漂亮，是红烧好吃，还是清炖好吃呢。"

学生们都哈哈大笑。

有人大叫："吃货！"

我说："孩子们，你们看见鸟儿，首先不是想到吃掉，说明你们已经摆脱了吃货的心态；其次，不是想到玩弄，说明你们摆脱了征服者的心态。老师很高兴，为你们的善良。善良可能不会让我们得到实际的利益，但是，它却能让我们拥有快乐而踏实的心境。就像今天，我们全班同学为一只斑鸠的命运牵肠挂肚，何尝不其乐无穷呢。"

愿所有的鸟儿，都能够自由飞翔；愿所有的善意，都能够得到善待。

5. 打造班级经典语录

所谓班级语录，是一个班级共同的话语系统，也是学生共同的成长文化。"蓬生麻中，不扶而直；白沙在涅，与之俱黑。"班级整体风貌积极向上，学生大多意气风发；班级整体风貌消极颓废，学生想不萎靡不振，难矣！

班级经典语录，日积月累逐渐形成，在潜移默化中发挥作用。

能够成为班级语录的那些话一般具有几个特点：趋同，契合"人同此心，心同此理"的认知规律；易记，因此绝大多数人能熟谙在心；正确，因此能经受得住时间的考验。

一句话一旦成为班级语录，就会在很多场合被反复使用，因此，班级语录实际就是一种班级文化，熏染生活在班级里的每个人。

激励式语录 在"以人为本"的理念下，我提出了"让每一个学生都走向成功，让每一个孩子都抬起头来走路"的班级目标。当有些孩子因为胆怯不敢在课堂上表现自己时，我会和学生一起大声喊："此刻沉默，你将埋没！"此语一出，胆怯消融，踊跃显现。班级语录的气场胜过许多冗繁的引导。

警醒式语录 人性总有阴暗面，学生中那种踢翻垃圾桶、放自行车轮胎气、往厕所坑里丢方便面桶的事情，屡见不鲜而又屡教不改。针对这种现象，我编出一句朗朗上口的话在班级传诵："有一种人叫伟人，他总是舍己为人；有一种人叫常人，他坚信人人为我、我为人人；有一种人叫小人，他总爱损人利己；还有一种人简直不是人，因为他常常损人而又不利己！"每当班上有人做出损人不利己的事情的时候，总有这样善意的提醒在他耳边响起。久而久之，学生就自动远离了损人又不利己的行为——因为，人人都想把自己当人看。

感恩式语录 在我们班，谈到和父母亲有关的话题时，学生大多会引用一句话："父母是这个世界上唯一还没有认识我就已经爱上我的人，所以，我们要无条件爱我们的父母，即使有时候他们显得并不那么可爱！"这是我在开学第一次班会课上讲的，几经传诵，遂成为班级经典语录之一。在很多场合，学生总会深情地说出这句话，班级经典语录就如糖化入水中，甘甜了学生的生命。

准则式语录 负责，是立身做事之本，也是我班的班风第一条。为了培养负责的学生，我经常跟学生强调一句话："一件事，你要么不答应，一旦你答应做，就要全力以赴负责到底！"这一要求经无数次实践强化，变成了我们班学生做事的准则。在这条语录的激励下，大部分学生既能干又负责，一项任务，只要当事人答应了，只要说清楚了要求和完成的时间，完成效果往往是超乎想象的好。一个被评为"劳动之星"的男生，在没有任何人提出要求的情况下，主动用小铲子清除了教室地板上黑不溜秋且数量惊人的口香糖残迹——那是这个教室多年的"历史遗留问题"。

法治式语录 不论班主任是否个个不怒自威，也无论学生多么调皮捣蛋，班主任都是让学生望而生畏的。但我常常怀疑学生敬畏的只是班主任手中奖惩的权力，而不是班主任所制订的规则。遵守规则还是潜规则，这一点恰恰是"法治"和"人治"的分水岭。我希望培养有法治意识的学生，也希望我的学生能适应将来的法治社会，所以我反复强调："你们遵守的是规则，不是我。"因此我班的学生既不会如老鼠见了猫般躲避我，也不用仆人见了主人般讨好我。只要照章行事，他们就可以自由自在地干自己想干的任何不影响别人的事。

我的班级，有一个由"经典语录"构筑的坚实系统：

当学生表现特别好得到意外的奖励时，他自己会美滋滋地说："乖孩子常有意外的惊喜！"

当学生之间闹矛盾时，我总是说："为人多栽花少栽刺，处世宁修桥勿挖沟。"

当作业多负担重时，我们会一起说："合理的要求是训练，不合理的要求是磨炼。"

当班级遇到重大事情的时候，我们会一起呼喊："人心齐，泰山移；221，做自己！"

......

　　我们一个班的"班级语录"，当然不可能像《论语》一样影响历史的进程，但班级语录引领着几十个孩子健康活泼地生活，积极乐观地思考，也是善莫大焉。如果说，班主任是学生人生的导师，班级语录就是学生成长的导航仪，积极健康的班级经典语录将熏陶出一群优秀而快乐的公民。

　　对于一个教师来说，还有什么比培养"优秀而快乐的公民"更重要的事情呢？

6. 散步

教学楼前面有一个小操场，大片大片的草，周边点缀着疏疏落落的树，是我中午时分的小憩之园。

晴朗的秋日午后，在学校食堂吃过简单的午餐，我便去小操场散步。有时把手插在兜里，有时候双手合抱，一个人慢慢地踱，静静地想。

我喜欢安静，喜欢一个人。校园广播的音乐若有若无地穿过枝枝叶叶而来，身边不时地飞奔过三三两两的孩子，但此刻，整个世界于我，安宁而充盈。

我这样散步，有两三年。

221班的孩子们知道我喜欢一个人走，便在楼上静静地看我。但243班的孩子们更热烈、更单纯。他们不管在校园的哪个角落看见我，必一路叫着"卢——老——师"飞奔而来，像小鸡扑向母鸡。我下了课去办公室的时候，一回头，身后总是跟着几个小屁孩。我问他们有什么事，他们就说"今天天气好好"或者"老师，你看过什么什么电视没有"之类的话，总之，就是喜欢跟在我后面屁颠屁颠地跑，叽叽喳喳地说话。

243班的孩子也喜欢在小操场玩，那儿有草地可以打滚，还有单双杠和下面的沙坑可以撒欢，是校园里难得的好去处。他们每看到我，总是集体挥手大叫"卢——老——师"，似久别重逢。我就逗他们，吼道："一边儿凉快去，我散步呢。"有时候，看他们玩得开心，我也脱掉鞋子，在单双杠上做几个读书的时候玩得轻捷的动作。在他们的啧啧称奇声中穿上鞋子，很潇洒地拍拍灰说："老了！老了！高难度的动作做不了啦！"

一天，我正散步，文婷她们几个尾随过来，说："老师，你散步啊，我们陪你散步，好不好？"

嗯，那就几个人一起走吧。

我说："我喜欢秋天有阳光的中午，不像夏天那样灼热，也不像春天那样潮湿，是一种……"

"是一种响晴的感觉吧，像济南的冬天一样。"奕涵说。

后来，我们就坐在草地上说话。不知什么时候，几个人变成了一堆人，或蹲或站，外围还有蹦蹦跳跳的。

地上有一些矮小的草。是有三片复叶的那种小草。有孩子说，找到四叶草就能遇到最真诚的爱情了。他们就趴在地上找，有几个还信誓旦旦地说自己真的找到过四叶草——我是第一次知道传说中的四叶草，就是这种紧贴地面的小草，但也许，只是他们自己胡诌的一个名字罢了。

我说："看啊，这些草长不高是因为它们的输导组织不发达。"我教语文，兼教生物，有随时随地传道受业解惑的职业习惯。

"老师，你看罗梓桥长得这么高，是因为她的输导组织很发达！"小阳叫道。

"陈梓睿的肌肉组织特别发达！"

"周敬峰的分生组织肯定都长在肚子上了，他肚子这么大！"小阳又说。这样说着的时候，我们的眼睛都笑成了一条缝，嘴巴张得老大，似乎想要大口大口地吞下阳光。

"老师，你快看，看我们班的阳台！"

我转身看去，阳台上的人密密匝匝地站了一排，都望着我们这里。我看不清他们的表情，想来必是痴痴出神。因为不一会儿，这些人也全下来了，加入我们的热闹中。

我说："我们一起走走，一堆人在这里，德育办的人兴许会以为这里发生了打架斗殴的事情……"

"老师，你觉得这个草可以吃吗？"

"也许吧。"

"老师，可以吃的。你看我！"梓睿张开嘴，里面是一截草根。

我打趣道："神农氏转世了啊！"

过了一会儿，看看快上课了，我对班长逸芳说："喊他们进教室，今天中午我们看电影。"

我们刚学了《走一步，再走一步》这一课。为了让孩子们了解更多感人至深的父亲形象，我决定带孩子们看电影《美丽人生》，然后写作文《和爸爸在一起的美好时光》。

爽妮会意地大叫："妈妈，班长妈妈，喊孩子们进教室了！"

班长便说："孩子们，进教室了啊！"

我问："为什么要叫班长妈妈？"

孩子们说："因为班长总是喜欢说'孩子们啊，怎么怎么了'，所以我们就叫她'班长妈妈'。"

嗯哼？这也太奇葩了点吧？

"那你们背后都叫我什么米着？老实交代！"

"卢嗲！"

"那不行，那是上届学生给取的，你们不能沿用。"上一届学生也很奇葩，女老师统统称"某嗲"，男老师统统称"某哥"，我姓卢，自然得了"卢嗲"之美称。

"卢卢卢！"号称"死胖子"的梓睿说。

"如果你不觉得嘴巴像说绕口令一样难受，就这样叫着吧！"

"语文卢！"

"随你们怎么叫，绰号只要是善意的，没有什么不可以的。我们看电影去吧。"

于是，我在孩子们的前呼后拥中和其他班孩子惊异的目光中，向我们的教室走去。路上，泽智还扮猩猩给我们看，传神，极像。

"老师，你吃！"子明递给我一个东西，像白巧克力。

"这是什么啊？"

"夏威夷果。"

我咬下去，满嘴生香。我以前没有吃过这种果子，这天在回家的路上，我买了一袋。老板递给我一个小工具，我费了很大劲才打开一个——原来这种坚果竟这样难剥。

原来，愿意为我剥好坚果的，除了我的爸爸妈妈、我的老公，还有我的学生——我在心里这样想着。

原来，愿意陪我游戏的，除了我的爸爸妈妈、我的朋友，还有我的老师——也许，孩子们心里也在这样想吧。

遇到 243 班这群孩子，我喜欢上了一群人散步。

7. 个性评语，爱之诗篇

期末评语，即学生操行评定，是家长最盼而班主任最怕的事。对于家长来说，一个学期结束了，孩子在学校成长得怎么样，评语最能说明问题；对于老师来说，一个学期结束了，对学生了解得怎么样，评语也最能说明问题；而学生对评语的态度恐怕是又盼又怕吧，既盼望知晓自己在老师心目中的印象，又害怕班主任老师在爸爸妈妈面前"参上一本"。

评语是一面镜子，既映照出学生的言行品质，也折射出老师的工作态度，实在是班主任工作中的一件大事。可是这件大事往往被有些班主任大事化小甚至化了了。

我曾经也没有特别重视学生期末评语的写作。

让我从心底里意识到评语是一件大事的，是通过我和一个已毕业学生的聊天，他叫易江满。他说："卢老师，我一直记得您初二下学期给我写的一句评语。您说，'江水是不会满的。'这句嵌入了我名字的评语一直激励着我努力向前，成为我生命里最重要的一句话。"

原来，个性的评语对学生的影响如此深刻！

原来，写得好的评语也是教育的重要手段！

于是，我开始精心给学生写个性评语。

我写给学生的个性评语，不是寥寥的三言两语，而是洋洋洒洒的几百字。这样的评语，有贴切的标题，也有翔实的内容；有对优点的褒扬，也有对缺点的规劝；有学生自己也许都忘记了的细节回顾，也有学生尚未涉足的理性分析。每篇评语都是一篇人物小传，每一句话都彰显着学生的个性，也传递着我对学生的关怀。

个性的标题概括学生的个性特征

我字斟句酌，力求让每个标题传达出学生最本质的个性。为此，我使尽浑身解数。

一是妙用古诗。文君与古代才女卓文君同名，她痴迷古诗文，能用文言文流畅作文，我写给她的评语标题便是"腹有诗书气自华"；小薇秀外慧中，我便以"水晶帘动微风起，满架蔷薇一院香"作标题来赞美她。

二是借用广告语和歌词。小孙特别聪明、有志向，用"心有多大，舞台就有多大"来勉励她相当合适；小李人聪明但是学习不够踏实，总想学习和玩耍两手抓两手都硬，用《真心英雄》里的歌词"没有人能随随便便成功"作标题正好给她当头棒喝。

三是化用俗语。小何是一个单亲家庭的孩子，细腻但敏感，我用"缘聚缘散都成画，花开花落亦是诗"作她评语的标题，既是赞扬她作文文采斐然，也表达了对她特殊境遇的理解和鼓励。

四是巧妙嵌入姓名。对于我们普通人来说，世界上最有价值的几个字莫过于我们的名字，所以，在标题中嵌进学生的名字也是打造个性标题的不二法门。给刘珍林的评语标题是"珍贵的林木是慢慢成长的"，给彭焕的评语标题是"发现自己，焕然一新"，给曹梦娜的评语标题是"追梦的女孩最美丽"。

个性的内容贴近学生的个性生活

学习生活是丰富多彩的，我的评语内容也是千姿百态的。

我的建议是个性的。小李是一个活泼好动的男孩，智力和基础都不错，但是热衷于穿着打扮，一天到晚"风度翩翩"。我在评语里针对这一点，建议他增强自己的内涵和修养，因为男孩子有内涵才更潇洒。

我的鼓励是个性的。小兰生性腼腆内向，缺乏自信。我热情地鼓励她：每一种草都会开花，找到自己的长处，一定会有绽放的一天。小周是一个家境殷实、长相标致的女孩，学习成绩也好，家长对她寄予了很高的期望，可是她学习不够刻苦，比较贪玩。我在评语里循循善诱，把人生比作打牌，勉励她拿到了好牌还需要好好打。

我的理解是个性的。小邹憨厚善良，随做小工的父亲从新化来到我们县城讨生活。生活的艰辛自不必言说，成绩也不太好，所以他充满了自卑和忧虑。我对他的处境表示了深切的理解，我告诉他，靠天靠地靠父母都不是好男儿，只要不放弃信念，相信生活总有柳暗花明的一天。

我的欣赏也是个性的。小段是一个别的班主任不收的顽劣男孩，我考虑再三后还是把他收下了，没有让他从学校流失。在评语里，我这样描述他一个学期的表现：大扫除时拖地板挥汗如雨干得最起劲的是谁——你；每天准时乐呵呵地主动倒垃圾的人是谁——你；看到老师的东西掉在地上第一个捡起来的人是谁——你；把凳子让给老师坐宁愿自己坐三只脚的椅子的人是谁——你；一遍一遍地读诗终于能默写十几个名句的人是谁——你；爸爸送衣服来了有点难为情还有点小感动的人是谁——你……点点滴滴都让我觉得当初接受你到我们班是一个明智的选择！

个性的内容让学生感受到了自己独一无二的存在，这背后透露的秘密，就是每个人都渴望被关注。

个性的语言展现教师个性的观察角度

评语是语言的艺术，作为一个班主任兼语文老师，我不仅在语文课上充分体现"文以载道"的功能，也在评语里渗透语言的魅力。

我的评语里有深情的赞美。小喻是一个特别有思想的男孩。我这样赞美他：你是一个很优秀的男孩，有自己的思想，不人云亦云；有自己的坚持，不随波逐流；有自己的个性，不迷信老师。这都是一个优秀人才的标志。由你在学习上的表现，我联想到中学时代的爱因斯坦，他不迷信，敢于对世俗的权威和现存的秩序提出不同意见。你将来也会有一番大作为的，时刻努力着，实现自己的快乐是最高的快乐。

我的评语里有诙谐的调侃。小方热爱古典文学，古诗词过目能诵，但是英语很差，还总说自己很爱国。我这样调侃他：如果你再以"爱国"作为疏于英语学习的借口，那老师就只能以"师夷长技以制夷"来堵你的口了！

我的评语里有理智的指引。小罗基础好、智力好，想实现自己的理想但又沉迷网络游戏不能自拔，常常处在游离状态。我这样指引他：马斯洛需求理论把人的需求分成生理需求、安全需求、社交需求、尊重需求和自我实现需求五类，依次由较低层次到较高层次排列成一个金字塔。你有没有想过，你——站在金字塔的第几层？

我的评语里也有严肃的批评。小谢不思进取，整天无所事事地虚度光阴，对这样的学生，我也提出了严肃的批评：浪费青春是一种罪过，我希望你用几年的努力换来一辈子的幸福，可千万别用一辈子来忏悔几年的荒芜！

春风化雨虽无声，用爱润物实有心，教育就是这样将心比心、用爱换爱的工作。个性评语是班主任用心谱写的爱之诗篇，美丽，悠长，温情脉脉……

【附学生评语一篇】

是金子总会闪光——寄语方从军

发现你是一块金子实在太迟了一点，以至于我现在还有点内疚自己的眼光。

你每天到校最早，你来了，190班新的一天就开始了；你读书的声音最抑扬顿挫，常常进入忘我的状态。你直爽可爱，在老师面前没大没小，但常常说得很有道理；你爱国忧民，常在教室里直抒胸臆，但其实还算着调。你常常神游三国，"游"出了一篇篇好作文；你常常神交古人，"交"出了满腹诗书。你"胸中有丘壑，行文如流水"，独树一帜，在议论文写作上是不折不扣的No.1；你"开谈惊四座，捷对冠群英"，博闻强识，在古典文学方面绝对是190班重量级的人物。你知道吗，我常常想，只要中国有你们这样迷恋、继承并发扬传统文化的赤子，国粹就不会没落；而190班有你，班级个性又增添了浓墨重彩的一笔！

欣赏你，因而更加不允许你浪费自己。得知你英语学习的低迷状态之后，我开动我的三寸不烂之舌，和你的抵触情绪打了一场持久战。很高兴，这次我赢了——和你论辩，我在你面前输的次数可不算少！希望你能认真遵守我们之间的约定，这个约定在你的英语成绩真正突破96分以前一直生效。以你对语言的天赋，学好英语是不成问题的，英语再难也是一门普通的语言，远不如我们的汉语博大精深！如果你再以"爱国"作为疏于英语学习的借口，那老师就只能以"师夷长技以制夷"来堵你的口了！

如果你是一块石头，那么能点石成金的只有你自己；如果你是一块金子，那么在别人还没有发现你之前就要发现自己，擦亮自己！我等着看你光芒四射的一天，到时候我会在你的光芒里微笑！

8. 亲爱的男孩女孩

青春期的孩子问题很多，宜疏不宜堵。我准备了很久，找了一个合适的时间分别召开了女生会议和男生会议。

女生悄悄话

当教室里只剩下女孩时，几秒钟的静默之后，女孩们不约而同地大笑——此刻，教室里居然没有一个男性公民！

女孩们在我对面围拢，这样，我就能看清每一个人的脸。我以为女孩们会叽叽喳喳的，三个女人一台戏，这里可有整整十台戏！可是，她们居然都不说话，只是热切地望着我，白里透红的脸，笑靥如花。

我先听女孩们谈谈她们的困惑。

她们集体投诉男生喜欢无缘无故招惹她们。

我说，这很正常，他们是想接近你们，了解和他们自己不一样的你们。

后来，她们的投诉又集中指向一点：男孩子喜欢在 QQ 群里发一些不雅的照片，还喜欢在教室里说一些不雅的话。

这个话题引得所有女孩们义愤填膺。

我说，这也正常。这是男孩子和女孩子不一样的地方。不要把他们当作道德败坏的人。你们暂时改变不了他们，老师也不可能立刻改变他们，但是你们可以改变自己，比如不看这个 QQ 群的消息，眼不见为净啊。

后来，我们讨论起怎么做一个好女孩。她们七嘴八舌，讲得头头是道。

我说，好女孩有三个起码的标准——善良、温柔、有内涵。善良不必多说，大家基本上都可以达到；而有内涵的最重要的一条就是读书；温柔这一点，对于你们来说做起来最难，因为很多女孩是把"暴力女"当作一个"荣誉称号"来接受的。

我给女孩们推荐了一些书。我总觉得，一个女孩喜欢读书便不大可能变坏。

最后，我们谈了女孩的自我保护和自尊自爱的问题。这是我最注重也最担心的。我看过一些资料，特别是毕淑敏的《从六岁开始》，知道在自我保护这方面，当前的家庭教育和学校教育都做得很不够。我很想把我知道的都告诉她们，但也知道这非一朝一夕之功，就针对现状提了三条具体建议：第一，不要让异性轻易接触你身体的任何一个部位，当然，社交活动中的握手除外；第二，当别人言行不端时要及时表达出你的不高兴并选择离开；第三，不要给别人留下你是一个轻浮女孩的印象。

我看到校园里穿着成熟、暴露并且举止轻佻的女孩就觉得心里难受，觉得这是当妈妈的巨大失责。穿着暴露的女生，常常成为社会不良青年追逐的对象；而一个举止轻浮的女性，无论在什么时代、什么年龄，都极易身陷危险的漩涡！

培养洁身自好、举止端庄的女孩，任重而道远，我常常心有余而力不足，但我相信，做了，总比不做好。

男生悄悄话

男生会议在一个星期后召开。

这期间，男生不断问我"什么时候可以开会""女生之前说了他们什么坏话"等问题。我都笑而不答。

我不是男人，我需要更长的时间来准备会议的内容。

开始时，他们有点拘谨。

我说："当女老师最大的好处就是，我可以打你们，但你们不可以打我，因为好男不跟女斗哦。"我每年开学都会对男生说这句话，我当然不会动手打人，但这句话有一种神奇的力量，使男孩们对我有一种特别的尊重，并扩展到对女生的尊重。

男生嘻嘻笑笑，气氛一下活跃了。

男孩的心理年龄平均低于女孩两年，加之我们的学生观以"听话"为重要标准，因此，在小学和初中阶段，男孩的总体表现比女孩差——这就是通常所说的"男孩危机"。

男生比女生好动，不断有人爬到桌子上来，或者跳上讲台，或者在我背后做鬼脸。我都不管。放松的状态下，谈话容易深入。

我说，我以一个已婚女人的身份和一个男孩母亲的身份来与你们谈心，你们不要有什么顾忌，我们先说说，新好男生的标准是什么吧。

男生几乎是集体大叫——忍！忍！忍！

我笑笑，心领神会。

他们从小学起就深受女生"暴力迫害"，无处申诉。因为大人和老师总是说，你是男孩子，要谦让女孩子。结果，女孩越来越嚣张，越来越"暴力"；男生越来越郁闷，越来越压抑。

我其实不赞成这种做法，得寸进尺是人的劣根性。不过，我还是说，男孩子大度是好事，小事别往心里去，不要赌气；你一个男人赌气后指望谁来哄你呢？跟人耍完小性子，最后还得自己找台阶下，多难堪啊。

"那么，新好男生的标准是什么呢？我们总结一下。"

小李说，刚烈。

我说，刚强吧！和平社会，不需要那么多烈士，爱惜生命要紧。

男生哄笑。后来又说了很多。

终于，有男生还是忍不住问道："老师，女生说我们什么坏话了？"

我说，我告诉你们了，你们可不要告诉女孩子。

他们用手拍胸脯，信誓旦旦。

"女生说你们喜欢惹她们。"

此言一出，一石激起千层浪，男生一片哗然，群情激昂。

"谁惹她们哦！是她们先惹我们的！动不动就打人，拳头比石头还重！还掐人，指甲又长，我们能活下来已经是万幸了！"

为了让这"血泪控诉"更打动我的心，几个男生捋起袖子——手臂上的确有一条条紫红的印痕。

我安慰他们："我会跟女生做工作，让她们尽量和你们和平相处，但是不一定立竿见影，老师没有那么大能耐。所以，首先还是调整好心态吧。"

男孩子们抗议道："老师，你还是偏袒女生！"

"说说吧，卢老师最让你们不能忍受的是什么？"

"'重男轻女'！罚男生罚得很重，罚女生罚得就轻。体育课，我们跑800米，她们才跑400米，凭什么啊！"男孩恨得牙痒痒的样子十分可爱。

"这点委屈你们得受着，而且，我也相信你们能受得了。来，背诵一下周国平《落难的王子》的结尾……"

这时候，小志跑到黑板上写了一排字："女人说话永远是对的！"

立刻有几个人上去把他轰下来。吴铭说："卢老师，看到了吧，他被女生长期'迫害'，已经精神失常了！"

我故意一本正经地说："我深表同情，但是爱莫能助。"

"男孩危机"是一个客观存在的事实。我以为，男孩长期遭受女生的小暴力而又得不到合理的申诉，至少是其中的一个诱因。女生暴力日趋泛滥成灾，与父母的教育有关，也与老师的偏袒有关。"穷养儿子富养女""女士优先"等观念的盛行，使女孩恃宠而骄，终至成为不折不扣的"暴力女"。这结果，恐怕也是很多人始料未及的吧。

很多问题，我虽不能解决，但可以了解。了解的意义在于，孩子们会感觉到被理解、被同情。

"女生说你们喜欢说不健康的话题哦！"我转入下一个话题。

立刻有几人说出一个男孩的名字，他不好意思地低下头，瑟瑟缩缩的，教室里安静下来。

"老师理解你，这个在青春期孩子身上很正常，你不是道德败坏的人，不要有负罪感。不过，正常的不一定正确，你以后要注意言行修养。一个轻浮的人，总是很难得到别人尊重。好的，这个话题就到这里。我们来谈谈每个男孩都会有的困惑。你们从什么时候起，觉得自己和女孩不一样？"

孩子们都说三年级，一、二年级没有男女的概念，五、六年级就不喜欢和女孩子玩了。

"那现在是不是又很想和女孩子一起玩呢？"

他们用沉默来表示肯定，连最胆小羞涩的男孩都微微点头。

"不要不好意思啊，关注女孩子，这说明你们长大了，想去了解和自己不一样的神秘世界。其实，女孩子也有和你们一样的渴望。知道亚当和夏娃的故事吧，他们偷吃智慧果后的头件事，是什么？"

"穿上衣服。"有孩子嚷嚷。

"对啊，他们发现对方和自己不同，觉得羞耻，于是穿上衣服。这说明，发现男性和女性的差别，是智慧的启蒙。你们现在想要了解女生，正说明你们进入了青春期。什么是青春期呢，青春期是一个人身体和智力发育的黄金期……"

孩子们听得很认真，显然此前并没有人把他们对异性的好奇和人类历史的发展联系起来过，甚至都没有人正视过他们的好奇。当他们表现出对异性的好奇，父母会大声呵斥，觉得自己的孩子误入歧途；老师会疑神疑鬼，非要查探个水落石出；而同学呢，本来是最能达成共识的，可惜，这个年龄段的孩子，常常用散布谣言和肆无忌惮的调侃给周围同学造成严重的困扰……

最后，我说："你们看，卢老师今天和你们说了很多，也许不能帮你解决一点问题，因为很多问题都是没有办法很快解决的。但是，我愿意听你们倾诉，也愿意告诉你们我的看法，愿意和你们一起认识成长，体验成长，健康成长……"

第二天，我对着全班同学说："男孩觉得女孩讨厌，女孩也觉得男孩讨厌，可是，如果只有男孩或者只有女孩，你们会讨厌整个世界！我们的十个指头，长短不一，才能够紧紧地握成拳头。正因为男孩和女孩不同，这个世界才更加缤纷多彩。所以 Boys and girls，让我们学会接受不完美的别人，也接受不完美的自己！"

亲爱的男孩女孩，你们每一个都很精彩！

9. 那些养组宝的日子

2014 年某月的某天，我在虹力的日记里看到这样一段话：

今天，嘉欣组带了一个小组宝——龙王。其实也就是一条毛毛虫，有四个角，很像龙。

我也打算给小组带一个组宝。子谦说要选不会乱叫的。金鱼？不行，太娇气了！那干脆就养小强（蟑螂）吧！既不乱叫，也不娇气。

首先要给小强取个名字，我们组是"鹰跃暗沟组"，就叫它小樱吧！我要给小樱做一套裙子，黑色的连衣裙，上面要让组长画一只高高飞翔的鹰，那才显得我们组霸气嘛！

可是，要到哪里去找小强呢？老鼠洞，没有！爸爸的烟灰盒里，没有！平时我不找小强，到处都是；现在要找了，又找不到。真烦人！呜！找了好久，都没有！

可是，现在想一想，真养小强当组宝，未免也太……就算当了组宝，说出去多搞笑啊，"鹰跃暗沟组"的组宝是一只小强！说出去好没面子呀！到时候，谁来给它穿裙子啊？

我被孩子们的想象力和创造力折服了！

我活了三十多岁，只听说有国宝和传家宝，没有听说过有组宝！而且，就一只小毛毛虫而已，孩子们居然敢叫它"龙王"！而子谦那句"要选不会乱叫的"，言简意赅，真算得上是经典语录了。

我于是问孩子们："你们想养组宝吗？"

"想！"万众一心，异口同声。

那就养呗。

卢老师的可爱之处就在于充分尊重民意。其实，我的另一层没有言明的意思是：养只小动物当组宝，也是生命教育的一部分。

于是，孩子们就开始筹划养组宝了。有的小组养仓鼠，有的小组养兔子，有的小组养鹦鹉，嘉欣组继续养毛毛虫"龙王"。孩子们给小动物们取了千奇百怪的名字，光看名字，就妙趣横生，比如瘦丁、胖丁、布丁、松球、面包、雪糕、宙斯、撒旦等。

偲润对小动物过敏，所以迟迟都不见他们的组宝登场。当有人问他们组宝养什么的时候，她潇洒地用手指在空中画了一个圆圈，幽幽地说："空气！"于是，他们组的"空气"组宝就成了"神组宝"，无所不在，如影随形，携带极为方便。

这"空气组宝"衍生出两个有趣的情节：每当别的组在欣赏组宝的时候，偲润组的几个人就在玩"想象组宝"大战，那是各种奇珍异兽轮番上场，精彩纷呈啊；第二个情节是，有一天一涛得罪了偲润组的琳雅，琳雅一本正经地说："把我们的空气组宝还给我们！"一涛便作窒息而死状。在琳雅的作文里看到这个情节时，我瞬间爆笑，办公室的同事集体惊愕，不知道我为什么一把年纪了还乱发神经！

也有反对的孩子，比如轩轩。他因为对动物毛有点过敏，坚决不参与他们组养组宝的活动。我劝说他的组长尊重每个人的选择。所谓尊重，就是每个人有参与的自由，亦有不参与的自由。

轩轩说，老师，大家一下课就看组宝，好吵。

我说，大家一下课就看组宝，这么多人有一个共同的话题，不是很好吗？

组宝是小组成员轮流养的。在养的过程中，会有小仓鼠或者小鸟因为照顾不周或者其他原因死去，孩子们会很伤心。是的，在孩子们决定养组宝的时候，我就已经料到了会有这样的情况发生。

我说，养，就意味着责任；决定爱，就要好好地爱。而所谓好好地爱，就是按照动物喜欢的方式去爱它们。

　　不知死，焉知生。在目睹了组宝生老病死的全过程之后，孩子们感受到了生命的神秘和脆弱。

　　某天放学之后，在升旗台旁边意外地看见虹力，我很惊讶："你怎么还在这里？你不是应该已经回家了吗？"

　　"我在祭拜仓鼠。有一只仓鼠死了，被我们埋葬在食堂那边有泥土的角落里。有时间的时候，我们会来祭拜仓鼠。"

　　"是你们组的组宝吗？"

　　"不是，是别的组的。"

　　我默然，亦欣然。

【附学生作文】

养组宝的那些日子

黎一帆

　　在三只小仓鼠组宝中，我最喜欢我们的"面包"。现在让我为小"面包"做个介绍：

　　姓名：面包

　　班级：134 班

　　小组：书彩飘扬组

　　类别：仓鼠

　　性别：女

　　种属：？？？

　　血型：身体太好，未进过医院检查。

拜托！拜托！

　　"啊！"我听到一声惊叫，便跑过去一看：原来，"面包"卖了个萌，让宇辰忍不住发出赞叹的叫声，这叫声吸引了我。我为了让"面包"再卖一次萌给我看，平生第一次去捧一只小动物。

小"面包"太给我面子了！它慢慢趴在我的手上，等趴稳了，"双手合十"，微微摇动，仿佛在说："拜托！拜托！"要知道这是多少人看完《爸爸去哪儿》后想模仿的动作啊。没想到，一只小仓鼠轻而易举地就模仿出来了，真是萌萌哒！

我抖！我抖！

今天是星期三，组宝闪亮登场日。我早早地来到学校，发现科锋正在跟小"面包"做游戏。我凑过去一看，瞬间被萌化了。

"嘘！别出声，她正在做'早操'呢！"科锋小声地说。

瞧！它比我们做广播体操精神多了。

先抖抖左脚，再抖抖右脚，全身抖一抖；然后又左手抖一抖，右手抖一抖，全身再抖一抖。整个过程可以叫作"抖操"。照这么天天抖下去，"面包"身体肯定倍儿棒！

我吃！我吃！

我们小组都是吃货，连养的组宝也是一个"小吃货"，一天到晚没看见它歇过嘴。

上次科锋感叹说："照'面包'这种吃法一直吃下去，我担心两点：其一，小'面包'会成为真正的小面包；其二，我们连木屑都买不够。""面包"只要看见有人喂吃的给它，不管什么先吃了再说。科锋为了控制它的饮食，就准备了2个纸盒子。可是"面包"直接把里面的小盒子咬烂了，钻出来，吃外面大盒子里的木屑。

虽然我只跟小"面包"相处过几次，但小"面包"让我知道了小动物并没想象中的那么可怕，而是出乎意料的可爱。小"面包"，以后我们都会好好地照顾你，好好对待你。你用你的可爱打动了我们，我们会用诚心去呵护你！

养组宝的那些日子

陈安妮

某年某月某日……

卢老师："同学们，我们从今天开始养组宝！"

全班欢呼。

"叽叽喳，叽叽喳喳。"

"好漂亮的鹦鹉，羽毛好艳呐！"

"好可爱的仓鼠，毛茸茸的，你看它那萌样儿，哈哈！"

"兔子，兔子，你看它听邹天弹琴听得全神贯注！"

"唔……唔……"每当听到别组的组宝被夸时，我都好苦恼，因为我们组连只苍蝇组宝都没有。我每一次劝组长偲润买组宝，她每一次都强烈反对。她总是说："我在思考养一个不花钱的组宝。此事以后再议，以后再议……"

说罢，她就把我轻轻推开……

一天，乐森又劝组长养组宝时，她不耐烦地说："我想好了，我们养'想象组宝'！"

唔……组员们刚喝了水的，现在吐水；正在写作业的，被迫暂停……

徐同学："天才创意啊！"

张同学："我的天，太疯狂了……"

然后，我们疯狂地抱成一团。

虽然我认为这想法行不通，因为"想象组宝"没有生命，不惹人喜爱，就像看似完美的制度也有隐藏着的弊端，但是我还是不想毁坏这种徐同学所说的"天才创意"，所以勉强去想象了一些动物。

我和偲润把手握成一个团，分别做了个"小仓鼠"，我用我的"小仓鼠"碰了碰偲润的。只见她的"小仓鼠"抖了抖身体，我以为"它"是向我撒娇，可没想到，"它"变成了一条"响尾蛇"。"嗞嗞嗞"，"响尾蛇"快速地向"小仓鼠"爬来，像一只自己会爬的菜青色带子。我的"小仓鼠"则笨拙地跑着，像一个喘着粗气跑步的胖子。"响尾蛇"离我的"小仓鼠"越来越近，"啊唔"，它张开大嘴，"小仓鼠"就在它口中了。偃润的"响尾蛇"正得意时，我变了一只"加拿大猞猁"向"响尾蛇"猛扑过去，"响尾蛇"的头没有了，命丧黄泉。

怎么样？虽然我们的组宝不完美，但有一个与众不同的特点：别组的组宝都和平相处，可我们的组宝必须面对大自然的残酷生存法则。

佩服我们的想象力吧！

10. 寒假前，给家长写封信

亲爱的家长朋友：

　　您好!

　　加班多起来了吧? 路上堵车严重起来了吧? 钱包鼓起来了吧? 家里的物资储备多起来了吧? ……这一切都意味着：要过年啦! 而要过年了的最明显的标志，是家里那个熊孩子放寒假了，在家里叽叽喳喳地进进出出，把家里的空气都搅动得活泼异常了吧?

　　今年这个寒假是孩子们小学的最后一个寒假。不管孩子们舍得还是舍不得，他们的童年生活就快要结束了; 不管您承认不承认，孩子不可阻挡地长大了，而且会继续长大，变得独立，不再以你的目之所及作为他们唯一的活动范围——孩子们会有他们自己的生活，您和孩子相互陪伴的时间会渐渐减少。这，多么令人欢欣，又多么令人失落呵!

　　如果说，陪伴是最好的爱，我希望，父母给孩子积极的陪伴。陪伴不仅仅是身体同处一室，更指精神息息相通。没有忘记自己是孩子时候的古灵精怪，你就能够理解孩子的不可理喻。陪伴不仅仅是让孩子吃饱穿暖，更要关心他快不快乐，关心他的内心为了什么事情百转千回，哪怕只是被别人取了一个外号这样的"小事"，我们也要尽量对他的难堪感同身受。陪伴不仅仅是替他挡住来自外界的冷嘲热讽，也要替他过滤来自亲友的溢美之词，风霜冰雪固然会摧折花蕾，阳光太猛烈也会灼伤枝叶……陪孩子阅读一本好书并平等地交流，陪孩子看电影后谈论双方都感兴趣的部分，陪孩子去做一个小科学实验或者参加一次公益活动，陪孩子去挑战他心里认为不能完成的事，陪孩子做家务以及日常生活里琐碎而温暖的点点滴滴……这些，都是积极的陪伴。所以，这个寒假，我希望您能够陪着您的孩子，读完著名学者、哲学家周国平先生的《宝贝，宝贝》这本书，然后，陪着孩子完成一个主题为"成长的足迹"的 PPT。这个 PPT 的制作要求是从孩子 12 年生活留下的照片里,每年选取一张有代表性的,配上 100 字以内的描述。我希望,这段文字是感性的描述和理性的思索相结合的风格。我相信,这个寒假,您的一家会因为这个 PPT 而变得异常温暖和甜蜜。

如果说,孩子的成长,需要父母的及时干预,我希望这是一种积极的干预。干预,意思是过问或参与,是当孩子需要帮助或者出现问题时,父母的一种应对措施。积极的干预不是顺其自然,而是因势利导。当孩子犯下错误的时候,积极的干预不仅仅是告诉孩子这样不对,还要告诉他怎样才对;当孩子沉迷游戏的时候,积极的干预不仅仅是拔掉网线,还要用阅读、运动等来对抗空虚;当孩子遭遇失败的时候,积极的干预不仅仅是呵斥孩子的过失,还要带着孩子走一步再走一步直至走出阴霾;当孩子胆小怯懦的时候,积极的干预不仅仅是告诉孩子要勇往直前,还要一直在孩子身后默默地张开怀抱……"菩萨畏因,凡夫畏果",积极的干预是从因预测果,并且,能够通过改变因进而决定果。

如果说,我们不是为了受苦才来到这个世上,那么,我倡导积极的快乐。积极的快乐,是透明的,只有那些心地善良、眼神明亮、牵挂他人的悲欢的人,才会快乐得透明,而且彻底;积极的快乐,是清爽的,是完成了该做的事情之后的轻轻松松,而不是"我生待明日"的侥幸拖延;积极的快乐,是自信的,快乐不是平庸的借口,它建立在优秀的基础上。所以,让我们一起,为着让孩子们成为优秀并快乐的人而努力。

巴尔蒙特说:"为了看看阳光,我来到世上。"我说:"为了看看孩子们的精彩,我成为一个老师。"六年级,是孩子们成长的一块里程碑,我很高兴,我在场;和你们一起陪伴 134 班孩子成长的每一天,有过艰辛,有过烦恼,有过疲倦,有过痛苦,但是从未失去过信心。我对 134 班的每一个孩子都信心满满,他们都是我愿意收藏在心里去呵护、去欣赏的珍宝。所以,亲爱的家长朋友,不管现在,还是将来,让我们一起,对 134 班的孩子更期待,更相信,更用心,把目光汇聚成一条波澜壮阔而深情款款的河，伴他们扬帆远航！

我相信，流年安好，岁月静美。

我祝福，2016 年，顺顺溜溜！

卢望军

2016 年 1 月

11. 我买回了一个花盆

爱养花的我，喜欢上了教室里的一个养着"厚脸皮"植物的小花盆。花盆是陶瓷材质，外面雕刻成大白菜的形状，碧绿的菜叶上歇息着一只红色的瓢虫，叫我无端地联想起国宝"翠玉白菜"。

我很想把这个花盆搬回家养花。大概，凡俗如我等，对于自认为美丽的什物总是耽溺而贪婪的。

但是，我知道不能顺手牵羊，一拿了之。在对美的贪婪之时，我的职业素养和职业敏感仍在坚守。

于是，我问孩子们："我想把这个花盆拿回家，可以吗？"

孩子们全仰着小脸，毫不犹豫地说："不可以！"

我笑了，这样的回答，在我的意料之中。

我努力实践公民教育，也总是尽可能做一个公民教师。只有每个人都明白自己的权利和义务，严守自己的边界，权力才不会被滥用。

我记得曾经看过一篇文章，题目为《德国的强大，在小学教师的讲台上就决定了》。我常常想，我这个小学教师，能为国家的强大做些什么呢？我今天在教室里的言行举止，在十年、二十年之后，会在哪个人身上、哪种场合里产生积极的影响呢？杞人忧天也好，狂妄自大也好，我是的的确确想担负起未来的责任的人，是笃信"未来不是我们要去的地方，未来是我们要创造的地方"的人。

那么，今天孩子们异口同声地说"不可以"，正是我希望孩子们面对老师、长辈、权威所应该拥有的勇气和理智。

"但是，我真的很想要这个花盆，有什么两全其美的办法吗？况且，马上就要放暑假了，我们也必须为班上的每株植物寻找一个主人。"我不动声色地把问题抛给孩子们。

"你必须找到另外一个花盆，把这个花盆里的植物移栽进去。"一个孩子说。

善待一朵花、一条鱼、一只飞动的小虫，不随意伤害生命，这是我孜孜不倦地在孩子们心里培植起来的善和美。

"非常好。我们不能因为自己想要这个花盆，就不管这个花盆里的植物，否则，就像杀鸡取卵一样，是极其错误和有害的。那么，还有别的要求吗？"

"你必须征得这个花盆主人的同意。他如果同意，你才可以拿走。"另一个孩子说。

"如果花盆的主人同意，我是否就可以拿走了呢？"我追问一句。

"应该也不行。你还要给他一定的东西作为补偿。"这个孩子想了想，回答道。

"是的，来而不往非礼也。"

在平日的相处中，我经常会得到孩子们的小礼物，有时候是一块巧克力，有时候是一条自家种的黄瓜，或者是一个旅游地的小特产。我总是开心地接受，并且回赠一些小东西。"投我以木瓜，报之以琼琚"，投桃报李所代表的是这样一种情感逻辑：善会带来善，爱能激发爱，善和爱若能够此呼彼应，那么，冷漠和仇恨就会烟消云散。

我问这个花盆是谁的，却无人应答。

有些孩子记起来了，说是家委会开学时统一买的。

"如果这是属于班级的公共财产，我应该怎么做才合情合理呢？"

"出钱，买回去！钱用来做班费！"孩子们的脑袋很灵光。

我抚摸着这个花盆，说："那你们估个价。"

孩子们讨论来讨论去，觉得这个小花盆的原价是 30 元左右。

"假定这个花盆的原价是 30 元，我应该出多少钱？"

"25 元！"有个孩子笑嘻嘻地说。

"啊，这也太坑人了吧！30 元钱的花盆已经用了一年才折旧 5 元，这不是个公平的交易。"我一本正经地讨价还价。

"我有一个好主意，"管班费的涛涛站起来说，"这个花盆原价 30 元，用了一年，折旧一半，15 元钱，跟学校里的图书跳蚤市场一样。"

"这个价格比较合理，我能够接受。"

孩子们也觉得这个价格公道。

后来，经过讨论，孩子们觉得我不如把这盆植物也一并买回去，移栽可能会导致植物枯死。最后，我以 20 元的价格，买下花盆和植物。

我问孩子们："老师买花盆这件事，使你们想到了什么？"

有的孩子说，不是自己的东西不能要……

有的孩子说，做生意要公平交易……

有的孩子说，拿人家的东西要征得人家同意……

有的孩子说，不能为了得到一样东西而毁坏另一样东西……

有的孩子说，做人要懂得投桃报李……

孩子们七嘴八舌，兴致勃勃。我相信，孩子们从这个花盆的买卖过程中所领悟的，比听我滔滔不绝地讲述时所明白的，要更多、更深刻。

青葱的植物种在花盆里，绿意盎然，赏心悦目；而我，想把理性、规则、权利、义务等现代公民的基本素养，种在孩子们的心田，用长长的时间来培育、浇灌，期待有一天，这个世界会因为一群有理性、懂规则、讲公平的人，太平清明，春暖花开！

12. 享受 80% 的"很喜欢"

每到期末，学校都会进行一项民意调查，在每个班级随机抽取 10 名学生，从"很喜欢、喜欢、满意、不满意"四个选项中勾选一个，评价某位老师。

当我得知这次民意调查中我的"很喜欢"的得分率只有 80% 的时候，我笑了——坦然，而且欣慰。

我坦然，我多年的教育正是为了这个结果，我的学生们逐渐有了"独立之精神，自由之思想"，而不是老师权威控制下的提线木偶；我欣慰，孩子们可以大胆地发出自己的声音，而不必担心遭遇我的"另眼相看"，这说明他们感觉说真话是安全的。

诚然，对于 134 班的学生，我的确付出了无数时间和情感，而且仍然在想办法做得更好。也许，在常人看来，我可以称得上"优秀"，但我深知这绝非"完美"。如果孩子们的感觉神经足够鲜活和敏锐，那么他们定然能够察觉到种种不足，并且理所当然地表达出自己的想法。

100% 是可怕的！

100% 意味着没有异己、没有分歧，也就可能意味着专制，意味着压制，意味着在"步调一致"的集体中消弭了个体的节奏和旋律。

不容许反对，不尊重异己，非 100% 通过便心有不甘，非"全票当选"则寝食难安——这是什么？不是弄虚作假、"独裁专制"吗？

而这，会带来什么？

想想吧，当你在单位的民意调查表格上，连名字都不看，连略微思考都不作就全部选择"优秀"的时候，你是什么？是木偶。

你为什么这么做？很简单，要么对这种民意调查的效用完全丧失信心，要么担心消息"不胫而走"会得罪人，造成不必要的麻烦。

作为一个有良知的老师，我不忍心把这种冷漠或者势利，传染给还是孩子的学生们。

我不忍心。

所以，当我得知我的"很喜欢"的得分率为 80% 的时候，我的欣慰在于：我们 134 班的孩子仍然是真实的、勇敢的、敢于发出自己的声音的；而我，在孩子们心目中，也不是专制、霸道、需要阳奉阴违的。

若能够保持这样的真实和勇敢，当他们长大参与公共生活的时候，就会成为社会进步所可以倚靠的"公民"。而培养公民，是我为自己设定的教育目标——最重要的教育目标。

思虑再三，我用十分钟的时间，向孩子们就这件事讲述了四点意思：

第一，我很高兴民意调查是这样的结果，因为这个结果体现了你们的真实和勇敢。我希望你们能够一直有勇气表达你们的真实意见，但是，作为一个成人，我也告诉你们一个事实：我不能向你们保证说真话对自己是百分之百有利的。说真话会让你们心安，但是有时候也需要付出一定的代价，所以你们可以选择说真话或假话，并且做好承担相应后果的准备。

第二，我希望你们在勾选的时候，是慎重的。如果你们随随便便地打一个勾，敷衍了事，这不仅是不尊重被评价的老师、不尊重这种评价机制，而且也是不尊重自己表达意见的权利。一个凡事敷衍的人，必然无缘优秀与成功。

第三，具体到对某一个人的评价上，真实虽然很重要，但是，宽容也很重要。苛刻，并不是一种值得颂扬的品德。

第四，也是最重要的一点，请你想一想，你在评价这个老师的时候，你做出选择的标准是什么，是这个老师对你个人的态度还是这个老师的教学能力和师德水平的高低。如果是前者，那么你的评价就是不公正的，是"公报私仇"；如果是后者，那么你的评价就是公正而有参考价值的。也就是说，与真实、慎重和宽容相比，我更希望你是以"理性"的态度来表达你的意见，而不是"一己之私"——这才是最最重要的一点。

最后，我对孩子们说，我不希望你们 100% 地喜欢我，也不希望你们喜欢我的 100%。因为如果这样，也就意味着即使我说错了、做错了，你们也会听我的。你们会因为 100% 地喜欢我而变得迷信盲从，这样，我不仅没有办法发现并改正自己的错误，而且也可能带着你们去犯很多错误。

我喜欢且享受这 80% 的"很喜欢"，我尊重且欣赏这 20% 的"喜欢"。我不追求 100% 的完美和精彩，因为，那是枷锁，也是陷阱。

13. 天真未必无邪

周四下午第一节课下课后，我去教室分发资料。才到走廊，我便被一群孩子团团围住。这些孩子或尖叫——似乎受到极大惊吓，或大喊——似乎遇见一件百年难遇的稀奇事，或眉飞色舞地向我描述事件经过。他们的脸上，有一种过节般的欣喜，一种群体性的轻微癫狂。

他们都是因为同一件事：一个男孩上课时把大便拉在裤子里了。

四年级的孩子们，对于这件稀奇事的反应很正常，他们毕竟是孩子嘛。

但是，似乎又有某一种不正常。

我走进教室，教室里的确臭烘烘的。那个孩子已经去厕所清洗自己了，教室的臭气来自他留下的大便和擦过大便的卫生纸。

我叫性格温和的瑞杰拿一包卫生纸送到厕所去，并嘱咐他问问那个孩子需要什么帮助。我又问谁愿意清理地面的大便，梓轩和子墨捂着鼻子清理了大便，教室里的臭味便淡了很多。

上课铃打响的时候，仍然有很多孩子叽叽喳喳地聊着这件事。他们脸上的谑笑让我觉得难过。等孩子们安静下来，我说："一个四年级的孩子，在教室里把大便拉在裤子里，对于他本人来说，这是一件非常尴尬甚至觉得羞耻的事情。当你们捂着鼻子大喊大叫或者兴奋地向老师报告这件事的时候，我想问你们三个问题：第一，你们有人想到过他的尴尬、羞耻吗？"

教室里沉默不语。

"第二，当他去厕所的时候，有人跟着过去提供了什么帮助或者询问过他需要什么帮助吗？"

教室里还是沉默不语。

过了几分钟，哲文回来了。他告诉我，他陪那个孩子去厕所了，那孩子的妈妈正在送衣服过来。

我心里稍稍觉得安慰了一点。

"第三，教室里臭烘烘的时候，你们捂着鼻子大喊大叫的时候，有人主动清理大便吗？"

教室里依然没有人作声。

"如果这三件事你们都没有做，而只是把这件事当作一件稀奇事大肆宣扬，那么，你们的善良纯真、你们的同学情谊、你们的是非判断，此刻都到哪里去了呢？"

孩子们那种谑笑的神色褪去了，有些孩子惭愧地低下头。

"一个四年级的孩子，把大便拉在裤子里，一定是因为生病拉肚子了，是身体状况的事，与品质能力无关。谁能保证，下次你自己生病时不会碰到这样尴尬的事呢？就像卢老师怀孕之后，身体也出现了很多小麻烦，这是无法避免的啊。"

我想，我牺牲自己的形象，说出自己生活中遭遇的尴尬事，孩子们对那个孩子的嘲笑也许会少很多。

"对别人的不幸，我们需要设身处地地想想别人的感受，然后尽可能地提供帮助。如果你做不到挺身而出，冷眼旁观也还算不违背道德，最不厚道的就是落井下石。今天大部分同学的表现，差不多就是落井下石了。你们不妨静静地想一想，在这件事中，自己做过什么？自己做得对不对？"

孩子们陷入了沉思。

第二天，我没有再听到关于这件事的议论，那个孩子看上去也并没有什么难堪的样子，仍然大大方方、说说笑笑。但孩子们在这件事情中的种种"快乐"表现，引发了我对儿童教育的思考。

我们常常以"孩子"的名义，原谅孩子的种种无聊甚至邪恶的行为，却不知道，大人的姑息纵容混淆了孩子的善恶标准。而一个孩子，如果不能明辨是非和善恶，那么他从天性出发的行为，常常就会偏离正常的轨迹。

我想起班上有一个孩子，在学校三令五申不准带玩具尤其是危险玩具的情况下，买了威力极大的弓弩来玩。当他以牙签为箭，在课堂上射中同桌的眼皮后，我去批评他，他居然振振有词地说："我又没有拿尖的一头射！我拿的另一头射的！"言下之意，他是考虑了后果的。因为他考虑了后果，主动把伤害降低了，所以他就没有错误了。他的问题，是漠视不能带弓弩，漠视不能在课堂上玩，更漠视不能对着别人的眼睛射——而这，本来是多么显而易见的是非。

我又想起班上另一个孩子，偷偷地带了一只龙虾到课堂上玩。他把龙虾的脚一只一只地扯下来，把一只龙虾扯得七零八落，还把零碎的龙虾肢体扔到别人的课桌里吓人。同样是这个孩子，拿着跳绳在鱼池边抽打金鱼和乌龟，一次又一次，不达目的不罢休。这样的暴力已经不仅仅是天真顽皮所能解释的吧？

我又想起班上的一个女孩，文文静静，却在排队的时候，突然伸手打了前面一个女孩子一耳光。若不是这件事就发生在我眼前，我简直不能相信这个小女孩会有如此粗暴的行为。当我仔细询问时，她的理由令人匪夷所思：因为前面那个女孩子老是回头找她说话，她觉得很烦。这个理由使我觉得心慌：觉得很烦，就打人家一耳光，这种霸道的逻辑，若不加以引导，日后会演变成什么思维并催发什么行为呢？

不知道看过这篇文章的人会不会觉得我小题大做。但是，在小学工作了几年之后，我深深地惋惜：有些问题孩子的问题，正是在小学阶段甚至更小的时候埋下了祸根。只是，很多人不能从现在的果看到过去的因，亦不能从现在的因看到未来的果。

其实，无论成人还是孩子，原则是明确的，底线是不容触犯的，是非是需要明辨的，善恶的标准是不能混淆的。天真，未必就一定无邪，呵护孩子未必就要一味姑息孩子的错误。若不能引导孩子从小向善向真，再多的时间，再久的成长，也未必能够使一个人顺理成章地成为一个好人！

那种对别人尴尬的谑笑，那种对同学不幸的漠然，使我不安……

14. 我们在一起

> 我本凡人，没有三头六臂，但是，当我和家长们在一起的时候，我仿佛变成了千手观音，无所不能。

——题记

2014年2月，我从岳阳县八中应聘到湖南民院附小工作，在四年级134班教语文，兼班主任。第一次见面，我在精心准备的开学第一课上，提出了"幸福134，幸福一生一世"的宣言。

开学两个星期后的家长会上，通过推荐和自愿报名的方式，新一届家委会成立了。因为我在家长会上向大家描绘的134班未来几年的模样，家长们特别积极地申请加入家委会。热心的家长告诉我，以后班级里的大小事务，只要有需要，随时可以跟家委会联系……那一刻，初到陌生环境的莫名无助感烟消云散，我心里觉得有了切切实实的依靠，对134班未来的样子也有了一份笃定。

家庭和学校是孩子飞翔的两翼，同时发力，孩子才能飞得又高又远。团结家长的力量，优化家委会的职能，形成良好的家校关系，需要班主任老师用力用智，更需要用心用情。

用密切的联系走近家长。电话、短信、QQ、微信、家校联系本上留言，平时我和家长这样保持联系；到家走访、家长来校，有事情需要商量的时候，我们也这样见面长谈。

用先进的理念引领家长。每个寒假、暑假，我都会给家长写公开信，把我对学生假期的设想和要求一一道明。一学期一次的家长会，我"引经据典"为家长们拨开社会舆论遮盖在教育上的重重迷雾，让家长以更科学的方式陪伴孩子成长。

用真心的付出感动家长。一个老师赢得家长信赖和支持的最佳方式莫过于真心对待每一个孩子。孩子们在我的呵护下有了明显的进步，家长就变成了我教育路上坚定的同行者。

用合适的表扬激励家长。家长检查作业写了长长的话语激励孩子时，我会画一个笑脸或者打一个电话郑重其事地表示感谢；家长参加班级活动特别卖力时，我会给家长颁发奖状；我还在我的新浪博客里记录家长们点点滴滴的付出，广而告之我对家长的感激。合适的表扬，既激励了优秀的家长，也触动了其他家长，让更多家长成为我教育路上的帮手。

我们在一起，活动更精彩

春天，我带着孩子们在花盆里埋下颗颗种子，种桃种李种春风，写喜写忧写成长，体验生命一点一点破土而出的喜悦，写下时光在植株茎叶上游移的足迹；清明节，我要求孩子们踏青时拿起相机，定格花花草草在春风中摇曳的模样；圣诞节，家委会在梦泽山庄组织亲子篝火晚会，我们围着篝火起舞，那份酣畅淋漓的幸福，舞热了十二月底洞庭湖畔冰冷潮湿的空气；元旦，我和家长们带着孩子们在操场跑步迎接新年，那气喘吁吁一圈又一圈的坚持，是对时间的庄严致敬……四年级下学期春游，潜心儿童文学研究的师礼爸爸把学校对面的金鹗公园变成了定向寻宝的场所，孩子们的欢声笑语在树丛、竹林之间回荡；五年级下学期春游，家委会组织去君山看油菜花，孩子们在高过人头的油菜花地里若隐若现，笑脸像油菜花一样明艳灿烂；阳光明媚的日子，我们去岳阳楼远足，领到家委会准备好的铁丝和彩纸，孩子们便在岳阳楼前的草地上动手做起了灯笼，把数学教材里关于圆柱体的知识转化成了上下翻飞的手上功夫；毕业的时候，家委会组织了盛大的毕业晚会，巨擎妈妈把小学六年的所有活动汇聚在一个 PPT 里面，当音乐响起、画面滚动，满满的回忆化为恣意的泪水和欢笑，已经长大了的孩子们自己主持整个晚会，在舞台上生龙活虎，让台下的老师和父母变成了幸福的观众……

我们在一起，课堂更开阔

当我发现自己即使博览群书也不会比一个博物馆工作人员更了解岳阳这座城市的风土人情，即使废寝忘食也不会比一个书法家更了解一个汉字的前世今生时，我便坚定了把家长请进课堂的想法。

《霍比特人3》上映的时候，师礼爸爸给孩子们精心准备了一堂"托尔金和奇幻文学"的课，从路易斯·卡罗尔到约翰·托尔金再到 J. K·罗琳，从《爱丽丝梦游仙境》到《魔戒》再到《哈利·波特》，从女巫传说到魔幻文学再到奇幻文学，孩子们疯狂地迷上了经典奇幻文学，再也不能够忍受那种粗制滥造的作品。祎萌爸爸是岳阳书画界的名人，五年级上学期，在孩子们走进"综合性学习：遨游汉字王国"之前，他来给孩子们上了一堂书法普及课，通过他深入浅出的讲解，我们才知道，握笔姿势不正确竟然是引起近视、斜视的重要原因，一个个普普通通的笔画竟有跌宕起伏的演变规律，汉代隶书的波磔飞扬和汉代建筑的飞檐之美竟有异曲同工之妙。在公安局工作的朝午爸爸把交警叔叔请进课堂，给孩子们讲解交通安全知识，那专业的讲解、生动的案例使孩子们获益匪浅，情不自禁地和交警叔叔频频互动。2016 年春季开学第一课是由在岳阳博物馆工作的睿琪妈妈给孩子们讲解《寻找失落的文明——岳阳历史文化探秘》，有了专业人员的讲解，孩子们对岳阳的历史文化产生了兴趣，纷纷走进岳阳博物馆参观，那一块块石头仿佛开口说话了，那一尊尊雕塑仿佛在演绎千年前的故事，那青铜器上跃动的鱼纹仿佛记录着洞庭湖的微微叹息，孩子们明白，博物馆珍藏着一座城市乃至一个民族的记忆，是旅游清单上必须要去的地方……

我们在一起，阅读更有趣

阅读，是生命的奠基工程，于学生阅读一事上，我孜孜矻矻，不遗余力。班级共读是我们亲近好书的重要方式，为了保证最好的书以最合适的方式进入孩子们的视野，每一本班级共读的书都是我自己精读过之后才推荐给学生的，读书会的设计也是我和孩子们一起仔细推敲过的。但是，我的阅读经验毕竟有限，这时候，家长们和我一起为孩子们的系统阅读铺路搭桥。

通过"小手拉大手"的方式，我把家长们拉进了班级共读的"朋友圈"。五年级第二学期，我又启动了亲子共读。龙应台的《孩子，你慢慢来》——建议妈妈和孩子一起读，林良的《爸爸的十六封信》——建议爸爸和孩子一起读……如果说，教育是一条源远流长的河，那么学校教育是下游，家庭教育是上游，下游的碧波荡漾取决于上游的水源清澈。我启动亲子共读，就是想在上游"植树造林"，保持教育的一方水土。

<h3 align="center">我们在一起，童年更厚重</h3>

在我心里，一直有一个强烈的愿望：带领我的学生们轻轻叩响中国古典文学之门。于是，我用2015年上学期一个学期的时间，参考很多书籍，独自编选了《轻叩古典之门》，率先大量、系统地带孩子们进行经典诵读和鉴赏。这本小册子，以时间为线，从先秦到清代；以诗词为主，选取少量经典古文；不求全，但求美，以灵性、情趣和对人的终极关怀为选文标准。佳彧父母的文化公司对这本"内部教材"十分重视，做出来的册子，精美不亚于任何一本正式出版物。

在校长的提议下，我决定办一份属于"幸福134"的班报。班报的名字叫"同心圆"。这份班报是名副其实的同心圆：其一，整个班报的编辑工作，全部由孩子们自己完成，组稿、设计、校对，都是学生；其二，得到了家长、校长、任课老师的热心支持。祎萌爸爸题写了刊名，佳彧爸爸妈妈以最优惠的价格为我们制作，参与编辑、校对的孩子们背后都有爸爸妈妈组成的智囊团的帮助，很多家长向班报投稿、提出改进的意见……一份班报，就像最强力的胶水，把老师和学生、学校和家庭黏结在一起。

2016年上学期，毕业在即，我们并没有陷在离愁别绪里消极度日，因为我们有让大家热血沸腾的事情要做。我们编了一本厚厚的"班书"——《同心圆里幸福长》。这本书里，有每一个学生最得意的一篇作品和一张照片，有同一个学期我给每一个学生写的个性评语，有每一位孩子的父母情真意切的寄语，有我们历次活动的留影，还有我们造型或古怪或典雅的毕业照……孩子们也把自己小学六年来的得意之作编成了属于自己的第一本书。佳彧编写了《呦呦鹿鸣》，朵朵编写了《朵朵云》，宸希编写了《晨林曦语》，张晨编写了《淡淡的星光》，睿琪编写了《海的那边》，祎萌编写了《飞翔的蒲公英》，小源和梦娜合编了《缘与梦》……正像芷瑜的文集的名字那样，"当童年写成一本书"，童年便不再同样了。

孩子们毕业的时候，我在毕业寄语里说："愿你与整个世界为善，愿全世界对你温柔相待！"我和家长朋友都相信，我们一起捧在掌心呵护的 134 班孩子，有健康的体魄、有阳光的心态、有阅读的品位，还有一颗对幸福无比敏感的心，一定会与世界为善，也一定值得全世界温柔相待！

孩子们毕业了，但是我和家长、学生的情谊并没有断绝，我们仍然常常联系，像没有毕业时一样。策钧妈妈开了一家服装店，店名就叫"幸福 134"。这家店，是策钧妈妈的事业，也是家长颁给 134 班的一枚闪闪发亮的勋章。它静静地守望在这座城市的一条马路上，向我们一起走过的日子致敬。

辑三

● 孩子们衡量世界的尺度

1. 你小小的心，是寂寞的城

我经常遇到各种求助，因为能力和精力有限，并不是总能伸出援手，但是，有一类求助，我有求必应。

那是有关孩子的求助。

一天，邻居龙伯伯来找我，为了天赐。

天赐是龙伯伯唯一的孙儿，是老伯伯唯一儿子的唯一孩子。只是，这唯一的儿子还没有结婚就病故。天赐是个遗腹子，他妈妈把他生下来交给爷爷奶奶后便再无音讯。他妈妈是外地人，可怜两位老人晚景凄凉，才决定把天赐生下来。

天赐就这样跟着爷爷奶奶生活，今年已经十二岁了。天赐小时候非常乖，既勤劳朴实，又聪明可爱。我还记得他小学一年级写的字，横平竖直，方方正正，非常漂亮。但是，凭直觉，我知道这孩子是要出问题的。天赐没有其他孩子活泼，有一种与年龄不符的老气横秋。

坐下后，龙伯伯开始慢慢地诉说他的忧愁。这是一个和蔼乐观的老人，但是此刻，忧伤和焦虑笼罩了他的整个脸庞。

"我一点办法都没有了，只有来问你，你当老师的也许有办法……"

通过老人的讲述，我知道了事情的大概：天赐现在的状况是特别好动，不能安静地坐上十分钟，一边写字一边到处抓挠，鼻孔被抠得特别大，甚至眉毛都被无意识地拔光了。老人不求天赐成才，但求能够成人，万一天赐不能健康长大，自己死都不会瞑目。老人心里着急，就天天骂孩子，期望责骂能够激励孩子，但无济于事。老人自己不开心，孩子也没有过一天好日子……

我意识到问题的严重性，这不是多动症，应该是心理有点问题了。

我略略思索了一下，看着老人说："天赐没有爸爸妈妈，您和他的姑妈姑父再疼他，也代替不了爸爸妈妈。他不知道为什么自己跟别的孩子不同，您跟他解释过吗？"

老人扑簌扑簌流下泪来："他爸爸妈妈的事，怎么好跟他讲，怎么讲得出口……"

"我理解您。但是，孩子大了，有了自己的想法，你不跟他讲，他自己就会胡思乱想的。因为他没有爸爸妈妈，所以你们加倍疼他，实际上又惯坏了他。他成绩不好，性格内向，在学校肯定也不开心。而您年纪这么大了，担心天赐以后不能独立生活，千方百计地希望把他培养成才，逼着他读书，一旦他学习不认真，您就会焦虑，就会骂他。所以，目前，天赐最主要的问题不是把成绩搞好，而是快乐成长……"

龙伯伯老泪纵横，泣不成声。我便转移话题，安慰道："问题也没有那么严重，想要天赐快乐点，就要多夸奖他。您说说他的优点吧。"

这时婆婆插话说："天赐其实很聪明，学东西很快，他爷爷的电动摩托，他从来没有学过，就可以开着到路上跑。"

龙伯伯说："我怕他摔跤，把他臭骂了一顿。不过，他学东西是很快，我在家里绣十字绣，他拿起来就绣，还绣得挺好的。"

"您怎么看呢？"

"绣了两次，我骂了两回。我说，书又不读，操心这些东西干什么。他现在就不绣了。"

我的心有些隐隐作痛。这个孩子，犹如一头小小的困兽在黑暗中挣扎，好不容易有些自己感兴趣又能做好的事情，满心欢喜等着爷爷奶奶夸奖，却只等来一顿劈头盖脸的骂。那一刻，他小小的心该有多委屈啊。

"要是我的话，我会说，天赐，你真厉害，没有学就会骑摩托。只是，小孩骑摩托很危险，等你长大了再骑。"

老人点点头，懊悔地说："要是我早来找你就好了。这些事我从来没有跟别人说过，只放在心里熬，想讲给别人听，又怕人家看不起天赐。我心里一团糟，不得安宁，索性就绣十字绣，绣花时心里只想着绣花一件事，还好受点……"

我说："您绣十字绣和天赐抠鼻孔、拔眉毛是一个道理，都是心里难过，做点别的事来转移一下注意力……"

老人坐了一个多小时，知道我忙，便走了。老人走后，我决定自己去看看天赐。

我去时，天赐正在火炉边烤火，旁边还有一群人，都是七十多岁的老人，一屋子的暮气沉沉。

我说，天赐，我们到楼上去玩。

天赐慢慢地从老人堆里挪出来，有几分的不情愿。因为奶奶不许他出去玩，而家里来来往往的大多是老人，十二岁的孩子，黑黑瘦瘦的，竟也有了几分老相。

我想搂一下他，但是，他闪开了，像只受惊的兔子。我想，他大概是不习惯与人亲昵吧。

到了楼上，光线略略亮了些，我看见天赐的眉毛真的是一根不剩了！虽然我已经知道是这样，但是亲眼看见他眉毛处光秃秃的，还是有点惊骇。我翻开他的一本书，看见扉页上写着"天赐是天生的！"我又惊骇了。这排字歪歪扭扭，不知道是出自他之手还是别的小孩之手。但是，我想，它就像一把锋利的锥子，天赐的目光一旦触及，心就要滴血。我真的好想用橡皮擦去这排字，但是，又有什么神奇的橡皮，可以擦去他心上的伤痕呢。

我跟他说话，他总不看我。我追着他的目光说："天赐，看着我的眼睛。我问你，你喜欢我和你说方言还是说普通话？"

"方言。"他简单地说，但还是不看我的眼睛。

一直不看。得找点学习以外的话题。

我说，家里有课外书吗？我们一起来看课外书吧。

他找出一本《安徒生童话》。

"喜欢哪个故事呢？"

"不知道。"

"那就读第一个故事吧。"是《丑小鸭》。我们一起读完，然后交流感受。孩子的悟性很不错，一下子就明白了大家不喜欢丑小鸭的原因。当我们说到猫和母鸡时，天赐浅浅地笑了一下，但是很快就收敛了笑容。这十多年，我很少见他笑。

我坐了一个多小时，看看天色已晚，说："阿姨走了，下次来时，我给你带一本课外书。你喜欢什么样的课外书？"

"不知道。"

"你再想想。"我反复问了几遍，他才说喜欢故事书。

满足孩子的合理要求，就是尊重孩子的独特心灵。一个活泼快乐的小孩子，是会大大方方地提出自己的合理要求的，因为，他的家人多半会满足这些要求。只有常常遭到拒绝的孩子，才不会表达自己的合理要求，就像丑小鸭，想要躺在沼泽地里喝点水，都担心别人不允许。因为常遭拒绝，所以天赐不敢提要求。

"什么故事书？"

"不知道。"

"打仗的，卡通的，还是其他的什么？"

最后，他思索了一阵后才说："就像《安徒生童话》这样的。"其实，他还是不知道自己喜欢什么样的书，只不过手里刚好拿着一本这样的书而已。

"阿姨还送个日记本给你。你喜欢什么样的封面？"

"不知道。"

还是不知道。这么多"不知道"，使我很难过。

"阿姨给你提个建议，你从今天开始写日记，有话就多写点，没事就少写点。如果你不想给别人看，也可以藏起来。"我希望，在别人不能理解他的情况下，至少他可以学着用文字在一个秘密的角落宣泄自己。

"你能不能答应我呢？"

他说能。我便和他勾手指，这时，他又笑了一下，笑容浅浅的，转瞬即逝，短暂得叫我心痛。

我不知道天赐能否坚持写日记，毕竟我只是这样说说而已；我也不知道天赐的爷爷、奶奶能否试着表扬他的优点，毕竟是六十多岁的老人了，改变观念很难；我也不知道我还能为天赐的成长尽什么力，毕竟我不能常常看见他。虽然说"生于忧患，死于安乐"，但是，一个小孩子，并不会自然而然地把童年的苦难转化为奋斗的甘泉，尤其是周围的大人好心地掩盖真相或者无视他们的痛苦时，那小小的心，就变成了一座紧闭的、寂寞的孤城，进或退，都是一个人的战争。

天赐，天赐的孩子啊，谁可以懂你，谁可以让你笑逐颜开，谁可以拂去你脸上的忧伤，谁可以帮你走出这寂寞的城？

2. 孩子，你慢慢来

每一次借班上课，于我，都是一场冒险。我完全不知道会遇到什么样的学生，也完全无法预知课堂上会有怎样的起伏波澜。但我总是尽最大的努力，走近学生，尤其愿意与课堂上那些慢半拍的孩子，艰难地对话。

一天，我应邀在一所郊区小学上一堂作文课。这所学校，大多数孩子是进城务工人员的子弟。

课前十五分钟，我第一次见着这帮孩子，见着这群第一次上大型公开课、在课前拘谨地伏在桌上静静地等待上课的孩子们。我想，我得说点什么，让孩子们知道我和他们的老师一样可亲，不必拘谨。

我说："孩子们，你们不认识我，但是我认识你们。以前，我到你们学校来过几次，我看见你们在食堂里吃饭时叽叽喳喳，脸上洋溢着笑容；我看见你们在操场上蹦蹦跳跳地跳橡皮筋，像活泼的小燕子；有一次，我去上厕所，有个女孩子还帮我拎了一会儿包，说不定她就是你们中间的某一个呢。"听我这样说，孩子们你看看我，我看看你，用眼睛探询着我口中的"女孩子"是不是正坐在教室的某个角落。

"我还在梦里见过你们呢，你们相不相信？"

"不相信，你都不认识我们，怎么会梦到我们呢？"有孩子渐渐心直口快起来。

"难道你做梦不都是经常梦见陌生的人吗？你们活泼而羞涩的样子，正是二十多年前我的样子；你们学校的样子，也正像二十多年前我的母校的样子；而你们的现在，正是我多少次在梦里见过，而现在永远回不去的小时候啊……"孩子们的眼睛慢慢变得亮晶晶的。

然后，我们聊了我的名字。有个孩子说："老师，你的名字怎么这么像个男人的名字？"我走过去，扶着他的肩膀说："亲爱的，你说话真含蓄，这不是像个男人的名字，它根本就是一个男人的名字！不过，现在你看到的我，还算温柔吧，不是男人婆的样子吧。"孩子们笑，轻松自在地笑。我总觉得，只要孩子们笑了，轻松地笑了，课堂就活了。

课上到一半的时候，我随机点到一个戴眼镜的男孩子答问。他慢慢站起来，但不说话。看样子，他不像是能够在课堂上大大方方开口说话的孩子，有一种长期的沉默所凝结成的游离或者说木然的表情，像一层淡淡的烟雾，蒙在他脸上。

"他平常是不是不爱说话啊？"我问。其他同学给了肯定的回答。

我知道不能逼他，尤其在人多的公开场合。"不爱说话的人，往往有着非常丰富的内心世界，喜欢用笔来表达自己的感情。而写作，就好像是自己和自己对话一样。"我俯下身子对他说，"这种感觉，是不是很好啊？"

"嗯。"

我希望能够给他一个自豪地坐下去的机会，于是继续引导他说话。但是，我的眼镜都快碰到他的眼镜了，他仍然说不出话来。

"孩子们，我们要知道，在这么多人面前，站这么久，也是需要勇气的，至少，他今天说了一个'嗯'字。我相信，他以后能够越说越多、越说越好的。"我拍拍他的肩膀，示意他坐下，并且盘算着在这堂课上能不能再寻着一个机会给他表现自己。

后来，在自由讨论环节，我特意去询问他的看法。他低声地、慢慢地说出了自己的意见，不算很出彩，但是，总算是一个通顺的句子了。我想，他可能还没有做好准备，于是在交流的环节我没有继续喊他起来回答问题。一次尴尬的经历，我可以用语言巧妙化解，但是两次艰难的答问，会不会让他觉得难受呢。

整堂课上，我不断地和孩子们对话，课堂节奏是舒缓的，课堂语言是温和的。虽然没有畅快淋漓的交锋和碰撞，但是，曲径通幽的寻觅和快乐，亦是课堂上的另一种曼妙的风景。

也许，这些孩子，目前还不能达到我们期望的高度，但是，我的课的意义在于告诉他们：在那儿，有这么一座山，值得你去攀爬；快一点，或者慢一点，无碍，只要爬上去了，就是好的。

下课后，校长评课时说："我们这儿的学生基础不好，影响了卢老师的发挥……"

我说："我不这么看。这些孩子很可爱，我很喜欢，原生态，就是最好的学习状态。"

慢，就是孩子的常态，就是孩子成长的原生态。教育是慢的艺术，我们需要静待花开的智慧和耐心。

下课的时候，我在整理电脑，好多孩子跑过来跟我挥手道别，也包括那个只说了"嗯"的孩子。他们笑着，不是很恣肆的，但是亲切、自然、纯真，有一种毫不做作的淡淡的欢喜。

我想对他们中的每一个说，孩子，你慢慢来，老师愿意等你，等你大大方方，等你自信乐观，等你成为一个最好的自己。

3. 门里门外

这是发生在十几年前的一件事。

我和我的同事程老师，站在门外。

我的另一个同事的孩子、一个大家公认的优等生，站在门里。

隔着一扇陈旧的斑驳的木门，我能够清晰地听到那孩子的呼吸声，急促、慌乱——他一定是怕极了。

那是我的学校宿舍的门，那孩子在我的宿舍里。

显然，他就是这几个星期以来频频光顾我和其他单身同事宿舍的小偷——真正的"小"偷。十几年前的农村中学的年轻教师，哪里还有闲钱留在宿舍里给小偷去偷！丢失的不过是一些钢笔、本子、小玩意而已，但是，连续几个星期经常得面对一把被撬开的锁和一片狼藉的屋子，也的确让我大为恼火。

程老师刚刚看见他进入我的房间，于是叫我去抓贼。只要轻轻一推，门就会开——而她，正准备这样做。

我说，等等。

如果推开门，那么，这个孩子将以一个"小偷"的身份出现在我面前，就像我将以一个"警察"的身份出现在他面前一样。结果会怎么样呢？在这四目相对、证据确凿的情况下，我没有办法不给他贴上一张"小偷"的标签，就像他自己没有办法不给自己贴上一张"小偷"的标签一样。

如果推开门，也许可以给我带来终于抓到小偷的痛快，但难保不会给我带来一辈子的愧疚。因为这轻轻地一推，也许会将这个孩子推向羞愧和自卑的深渊。

我知道，孩子的自信和自尊，比这扇陈旧斑驳的门，还要不堪一击。

我也知道，几乎没有不犯错误的小孩。就像我，不也曾在月黑风高的晚上，和大孩子们去偷过橘子吗？那种新奇、刺激和惴惴不安，我到现在仍然记忆犹新。我们当时有那么多人，虽然是压低声音窃窃私语，但是加在一起仍然是一片叽叽喳喳，而且我们上上下下把树枝摇得扑簌乱响，正在屋里吃饭的邻居未必就没有听见？若是邻居真的出来抓我们，我们必会吓得四散奔逃，慌乱中难保没人掉进橘子树旁边的池塘里——而那个人，极有可能便是年龄最小的我。

那些自己有孩子的人，大多能够宽容地对待别人的孩子；而那些小时候被温柔相待的孩子，长大成人之后更可能有一颗慈悲的心。因为我曾经被原谅，所以，在这扇陈旧斑驳的木门之外，在轻轻地推开门之前，我选择了等，选择了深思熟虑，选择了转身离去。

我故意高声地和程老师说话，让门里面的那个孩子知道，我们就在门外；也让他知道，他小小的贪婪，曾经如此使自己陷入道德和颜面的险境。我相信，这种惊惶，会阻止他在这条错误的路上越走越远。

后来，我们的门，再也没有被撬开过。

此后的几年，这个孩子继续保持着优秀，考上很好的大学，找到很好的工作。

现在，这个故事也像那扇门一样变得陈旧和斑驳，唯有我当初在门外的思虑仍然崭新如昨：我曾经是一个小孩子，我曾经犯过一些小错误，我一直记得我曾经犯过的小错误，这对于一个老师来说，是多么重要的一件事。这些经历，使我在面对学生、面对其他孩子时，不那么严苛，不那么冷漠，不那么有错必纠，使我能够留一些空间，给成长中偶尔犯错的孩子，让他们不必背着品德败坏的沉重负担艰难前行。

4. 有些阴霾，你必须自己穿越

这南方初春的天气，不知道为什么老不明媚，阴沉沉的，叫人无端地觉得烦闷。这个季节的某一天，小刚的妈妈打来电话，说读高二的小刚又不想读书了，语气里充满焦灼和无助。

小刚是我在县八中带的第一届初三毕业班的班长，品学兼优，从小到大都是父母的骄傲。中考前，他执拗地认为自己考不起县一中，不想读书了，不肯来学校。全家方寸大乱，齐齐上阵，"威逼利诱"，解数使尽，但都无济于事。我也试过很多方法，都不奏效，无奈之中带他去找我们县里最著名的心理老师求助。

和心理老师约的时间是晚上。那晚下着大雪，奇寒。为了让他不太紧张，我选择了步行前往。他在咨询室时，我无处可去，只好四处转悠。

我在精品店挑了一个特别漂亮的本子。咨询结束后，我把本子送给他，希望他能坚持写日记。我说，你得学会和自己的心灵对话，释放你心里隐秘的渴望，否则不良情绪就容易发酵腐烂。

我不知道他有没有坚持写日记，但咨询过后，他总算回到了学校，并且考上了县一中。拿着录取通知书，我长长地舒了一口气——替他，更替他焦虑的妈妈。

可是没想到，高二又出状况了。

他妈妈说，卢老师，你一定要来帮我啊，我实在没有办法了。

我当然得去，而且还必须装作是无意间撞到他家去的。幸亏儿子读过的幼儿园在他家附近，我便带上儿子以故地重游的名义出现在他家里。

一切看上去是那样的顺理成章，小刚信了。我说，难得今天阳光这样好，我们到八中的操场去走走吧。

周末的八中校园，异常安静空阔，我们绕着操场一圈一圈地散步。云淡风轻，空气里弥漫着让人放松的熟悉气息。我当他们班主任的时候，常常和孩子们三五成群地在这里散步。

"心情还好吧？"

"不太好，总是觉得我好像不大受欢迎似的，好像很多人都不喜欢我。"

"这个很正常，不要担心别人怎么想你，其实他们也正担心你怎么想他们呢。喜欢的人就多交往一下，不喜欢的就少理他。你不必要和所有人做朋友，也不必要讨好任何人。"

"嗯。"

"不过，有一种情况除外，那就是你将来遇到了喜欢的女孩子时，可得变着法地讨人家欢心，女朋友和老婆是用来疼的哦！"

他笑了，一点也不尴尬。

记得去年刚进高中时，他打电话给我说："老师，一个女孩子说喜欢我，我怎么办？"我说："如果你不喜欢她，就坚决一点拒绝她，不要给对方任何幻想。如果你喜欢她，那你就得在学习和感情之间做个抉择。那种恋爱和学习两不误的天才，我还没有碰到过，我看你也不是，所以还是不要轻易开始一段没有结果的感情……"后来，他没有再和我说过这件事，我猜他已经调整好了。

"还在和那个女孩子交往吗？"

"没有了。"

……

终于还是要谈学习的。我知道他的学习成绩下降了。

"学习压力大不大？"

"很大，觉得学不懂的地方挺多的，很怕。"

"想想看，你用来担心结果的时间多些，还是用来解决问题的时间多些？"

"好像担心多点吧。"很多学生都喜欢把时间花在担心结果而不是解决问题上，看来他也是。

"对你来说，只要肯学，学习不会太难的。"

我们边走边聊，有时候也很沉默。不过，这沉默一点也不尴尬。我知道他的心潮正在汹涌。

"老师，我就是担心我考不起大学。"

"那你仔细想想，你是担心考不起大学将来生活困难，还是觉得考不起大学很没有面子？"

他略略思索了一会儿，很干脆地说觉得没有面子。

"还记得辛弃疾的《破阵子》吗？'了却君王天下事，赢得生前身后名。'金戈铁马的辛弃疾是个英雄吧，最后念念不忘的还是名，也就是面子。文天祥'留取丹心照汗青'，不也是为了青史留名吗？人都爱面子，也都为面子所累，卢老师也爱听表扬啊！面子问题不只是你有，你不要太当一回事了。"人喜欢自怨自艾，喜欢把人人都有的情绪当成是自己独有的痛苦。一旦他觉得人人都是如此，也便容易释然了。

……

"你从什么时候开始感觉到自己长大了呢？"

"进初三的时候。"

这就对了。初三那次，他不肯上学，在家里待了一个多星期。如果不是做了有效的心理咨询，他现在恐怕已经在社会上游荡好久了。

"你上计算机课的时候，去看看我的博客，里面有一篇《成长是一件寂寞的事》，会对你有用的。妈妈爱你，所以她非常焦虑；姐姐爱你，她担心你，所以喜欢教育你；哥哥爱你，但是他的爱就是给你零花钱。其实他们都不懂你，对不对？"

"是的，只有卢老师最了解我。"

"和现在的班主任关系怎样？"

"一般般。"

"有老师愿意懂你，那是你的幸运；但老师没有这个义务非得懂你。卢老师虽然愿意帮助你，但是我不可能有求必应，你还是要学会自己成长。父母会老的，朋友会散的，老师也有可能去其他地方，没有谁可以一直陪你走下去……"

在这初春的暖阳下，我们走了两个多小时，儿子在沙坑里都玩成一个泥娃娃了。

小刚说，老师，我要走了，下午要补习英语。

我说，走吧，我希望你一切都好。

"我会好的。"小刚笑得不灿烂，但是很轻松。

天气又阴沉下来。

气象预报说，今天的明媚只是短暂好转，阴雨还会持续。春和景明当然好，但淫雨霏霏的日子我们也得过，就像人生的喜乐忧伤，我们都得一一品尝。

小刚，有些阴霾，你必须独自穿越；有些痛苦，你必须独自品味；有些孤单，你必须独自承担。

穿过，咽下，担起——然后，你会发现，生活原本就是这样。我们每个人都得这么过，也能过得好。

5. 儆猴一定要杀鸡吗?

杀鸡儆猴是管理者常用的一种方式,在为数众多的学校更是如此。

为了惩戒学生乱丢垃圾的行为,学校宣布了一条纪律:凡是抓到乱丢垃圾的学生,将在集会时"登台亮相",并勒令其清扫校园。平心而论,这条纪律是迫于无奈。老师都知道,学生乱丢垃圾的行为真是屡禁不止。

于是,"顶风作案"的学生不可避免地成为儆"猴"的那只"鸡"。

今天,我经过一间办公室时,听到了里面传来汹涌的争吵声。探头看时,是一个老师和一个男生。老师是分管卫生工作的,学生我不认识,正高声哭叫。我本来已经走过去了,但是又折回来——老师暴怒,学生愤怒,他们之间正需要一个"消防员"。

学生说:"我仅仅丢了一片垃圾,就要受到这么大的惩罚吗?别人也丢了,为什么你不抓?不公平!"

老师说:"纪律是已经宣布了的,对事不对人。你丢了,就是犯了错误,就要承担后果,与别人丢不丢没有关系!"

……

我听了几分钟,明白了事情的原委:学生被"登台亮相"后,觉得受到了侮辱,气势汹汹地找老师理论;老师觉得自己照章行事,并无不妥,也不肯让步。两个人各执一词,互不相让,空气里弥漫着一触即发的火药味。

一般来说,当一个人大声说话而且越说越大声的时候,正表明了他的理屈词穷或者无能为力。当这个学生哭喊着"我不读书了!"并转身想冲出办公室时,我知道他无助到了极点——他只是试图以这种虚张声势的强硬来掩盖自己的无助。

我拉开气得变了脸色的老师,把手放在这个陌生的狠狠地哭泣着的男孩肩上:"我不认识你,但你愿意听我说几句话吗?"

男孩点点头，肩膀上下起伏，抖得厉害，看得出在强忍自己的愤怒。

"我理解你的心情，你觉得在众人面前丢了脸，因为，你是一个好学生，对不对？如果你捣蛋惯了，今天的亮相对你而言就不是特别的伤害。"男孩点点头，哭得更汹涌："我是班里的纪律委员。"难怪他反应这么激烈。

"你愤怒是因为你觉得不公平。那么多人丢了垃圾，为什么偏偏是你，难道你运气差就要受这么大的惩罚？你想不通，对不对？"男孩点头，抹干了眼泪。

"回忆一下，从幼儿园到现在，是不是一直有人教育你别乱丢，你做到了没有？"他表示理解，承认自己的确有乱丢的习惯。

"你觉得不公平，是你和别人比。但是，不管别人丢还是不丢，你乱丢了垃圾，这是事实，你就要承担后果。"他点头，已经平静了很多。

我知道，冷静后，他自己也能明白这个道理，就没有继续再讲丢垃圾的事。

"其实，刚才你叫喊着说'我不读书了'的时候，你感到特别无助吧？你知道这只是气话，但是你当时不管那么多，你只是不想在老师面前认输吧？"他又哭起来。

"我不认识你，以后看到你也不一定认得你，但你愿意听我三个建议吗？"

他看着我，眼神很友好。

"第一，人在屋檐下，不得不低头。在今天的情况下，你让步的可能性大些还是老师让步的可能性大些呢？"

他涩涩地笑了一下："当然是我。"

"所以，今天的争论，要么是一地鸡毛，两败俱伤，要么是你胳膊拧不过大腿，惨败而归，总之，你没有赢的可能。第二，你回去后，叫你的班主任来和这位老师沟通一下。你就不要参与了，老师们会解决这件事的。"

"第三，我跟你说句悄悄话：别那么累，你没有那么多观众。这句话很重要。你站在台前亮相的时候，你觉得非常羞辱，但其实，我敢以人格担保，全校90%的人都没有注意你，注意了的又有50%的人不认识你，你不会丢太大的面子。比如，我就根本没有注意到你，以后也不认识你！别那么累，你没有那么多观众，放过自己吧！"男孩笑了笑，大约觉得这观点很新鲜。

"如果你觉得心情好了，就回教室吧！"

男孩走后，我也走向自己的办公室。

我边走边想，我为什么会多管闲事。但也许，这不是闲事。这件事于我，顺便而已；于他，也许是莫大的帮助。因为经过办公室时，透过他的强硬，我看到了他的无助。也许，因为我的几句话，他会觉得老师这个群体仍是温情脉脉的，而不是他独自对抗时感到的冷漠强硬。

我还想，客观地说，老师的教育方式也无大错。两千多人的学校，杀鸡儆猴是有效的。只是，生而为鸡，有很多种死法，如果可以选择，鸡必定不会选择儆猴这一种——生得平庸，死得屈辱。学生不是鸡，我们没有生杀予夺之权。为了惩戒全体而置某个学生的尊严于不顾，至少是不道德的。

儆猴的种种方式中，杀鸡真是最不道德的一种。

6. 十元钱的检验

一天傍晚，放学经过校门口，一个陌生的男孩子焦急地对我说："老师，能不能借我十元钱？"

我的第一反应是不借。

我下意识地觉得借钱花的学生不是好学生。

"我找别的老师借，问了几个人都不肯。我的钱掉了，我家离学校很远，妈妈在家里等我……"男孩子简直要哭了，还拿出校徽给我看，以表示他不会赖账。

他是一开始就拿出校徽证明自己的诚实，还是几次借钱未果后才不得已拿出校徽的呢？我宁愿相信是前者。

我没有看他的校徽，掏出十元钱给他，说："十元钱对我是小事，但希望你会还。"

第二天，这男孩来还我钱，我说："谢谢你。"他惊愕地望着我。我解释道："谢谢你没有辜负我的信任。"

第三天以及后来，男孩每次见到我，都会主动叫"老师好"。一直到现在，我不知道他的名字，他也不知道我的名字。我在想，如果我那天竟没有借钱给他，他还要在黄昏的校园里拿着校徽辗转多久才可以借到十元钱呢，他会怎么看待这些不肯施以援手的成年人呢。

很多老师，当然也包括我在内，不想借钱给学生的原因是"我不认识这个学生，他不一定会还钱"，于是我们假想"十元钱是小事，但被学生欺骗（这样的事情也是常有的）的感觉很难受"，进而我们判定"借钱的学生是不值得信任的"——这就是拒绝借钱的那一瞬间，老师的逻辑。

这是多么可笑而又多么常见的逻辑啊！

我们从事教育工作，可教的时候多，育的时候少。我们怀疑学生，觉得离开老师的教，学生什么也学不会。殊不知，我们不能教会学生任何东西，如果不是他们自己想学的话。教，是外力的施加，意味着教师是教条，是必须遵守的规范、必须尊敬的权威。育，是内力的唤醒，意味着教师是条件，是学生攀登的结实阶梯。

我们强调管理，可管的时候多，理的时候少。我们怀疑学生，觉得无规无矩，学生一定成不了方圆。殊不知，除了方和圆，学生有权利成为他们喜欢的任何不规则形状。管是管制，是用《中学生守则》《中学生日常行为规范》等把学生的一言一行规范在可控制的范围之内。理是梳理，是顺应学生的成长规律，顺应学生的个性特点，顺应学生的心理需求，让学生的生命按照他们自己喜欢的方式自由自在地生长。

我们注重监督，可监的时候多，督的时候少。我们怀疑学生，觉得离开了我们的视线，学生就会无法无天。殊不知，我们的视线范围和我们的能力范围一样小而逼仄，心有余力不足的时候太多了。监是监视器，是把学生假定为会犯错误的对象加以防范，相当于"堵"，迫于外在监视而听话的学生，犹如被高堤大坝堵住的洪水，终有决堤奔泻的那一天。督是加速器，是把学生想象成要奔跑的对象辅以外力，相当于"疏"，源于内心自觉而奔跑的学生，犹如日行千里的骏马，不待扬鞭自奋蹄。

我们千方百计地教，结果喂饱了的鸟儿不会自己找食吃，学生还是不会学；我们事无巨细地管，结果防不胜防，漏洞百出，学生还是不自觉；我们严阵以待地监，却监出了舞弊形式的新招迭出！这种结果，不能说是事与愿违，因为，我们本来就不信任学生！

孟子曰："爱人不亲，反其仁；治人不治，反其智；礼人不答，反其敬。行有不得者，皆反求诸己。其身正，而天下归之。"当我们慨叹学生不知感恩时，我们不妨反思一下我们表达关爱的方式；当我们责怪学生不服管教时，我们不妨审视一下我们管理学生的方法；当我们抱怨学生学不会、做不好时，我们不妨问问自己，我们真正信任学生，给学生积极的心理暗示了吗?

　　信任是一切教育发生的基础，老师必须相信学生是真善美的，学生才能求真向善追寻美!

　　十元钱的检验，我目前还不能过关。

7. 穷孩子的那些挣扎，谁懂？

中午，我在办公室小憩。

一阵喧哗，办公室涌进一大群学生，其中一个哇哇大哭。我奔过去一看，是隔壁班的孩子，一脸的血。血是从眼睛里冒出来的，汩汩地流着，模糊了整张脸。

我慌了，一阵头昏。但办公室只有我，在孩子面前，我必须是值得依靠的大人。

我定定神，想着这种情况该怎么办。我决定先打电话给他的班主任；然后是德育办主任；再是120急救中心和孩子的爸爸。

那个受伤的孩子一边哇哇大哭，一边大叫："妈妈，妈妈救我！"我知道，这个孩子一定特别害怕，血流得这样汹涌，他一定觉得自己的眼睛瞎了。我像他这么大的时候，一生病，就觉得自己要死了。我一边用卫生纸堵住外溢的鲜血，一边抓住他冰凉的手，想把我的关心通过这样有力的紧握传到他心里。

那个孩子还在大叫："妈妈！妈妈救我！妈妈！你在哪里？"

我问："你妈妈呢？我再打个电话给你妈妈。"

他边哭边说："我妈妈死了。死了。"

死了。

我的心一阵收紧，把手也握得更紧。他的话使我认出了他——小涛。我当校团委书记的时候替他申请过爱心资助。表格填了一堆，但如泥牛入海，再也没有回音，因为现在的爱心资助还有一个附加条件：品学兼优。

而小涛显然不属于这类孩子。

小涛母亲因尿毒症病故，留下巨额债务。他父亲身体不好，又要忙着挣钱，基本没有管他。他每天都脏兮兮的，邋里邋遢；成绩不好，习惯也不好。我常常看到他被叫进办公室，班主任有时候耐心教育他，有时候大声呵斥他，可这些都是隔靴搔痒，于事无补。他的苦难和委屈横亘在心里，如铜墙铁壁，外人轻易走不进去。他无数日子里无数的绝望和挣扎，从来没有人懂过——大概也没有人在乎！

心灵上既得不到亲情滋润，又缺少同伴的互助关爱，在委屈、渴望、愤怒和绝望之后，很多遭遇不幸的孩子选择了暴力和发泄。也许，挥舞拳头是他们证明自己存在的唯一方式；也许，他们枯涸的心灵早就失去了爱和善生长的土壤；也许，他们只是觉得无助又无聊，无端地想要破坏点什么……就像今天，事情的起因是小涛无缘无故地扇了别人一耳光，别人还手，把他推倒，他的眼睛撞在桌子角上。总之，越来越多不幸的孩子成了真正的浪子。我们常说，可怜之人必有可恨之处。其实可恨之人是先有可怜之处啊！

都说穷人家的孩子早当家，很多穷人家的孩子往往吃苦耐劳、勤奋好学、成绩优秀，并最终通过个人努力改变了自己的命运。但那是很早以前大家都穷的时候，不是现在。现在，家境不好、成绩也不好的孩子比比皆是，这些孩子普遍没有什么理想，与其徒劳地为无望的将来辛苦，不如得过且过图得一时轻松。

社会风气从来就是盛行锦上添花而不愿雪中送炭的，锦上添花容易，雪中送炭费力。从进化论的角度来讲，大约可以用趋利避害来解释。也许，将爱心资助给那些品学兼优的孩子，的确更能产生社会价值，可是，我们忘了，成为坏孩子，不完全是孩子本身的错啊！

幸好，医生说，那个孩子的眼睛并无大碍，没有伤着眼球，不会瞎。看到那个孩子缠着绷带来到学校，我长长地舒了一口气——在别人不肯雪中送炭之后，至少，他没有给自己雪上加霜！

而我，又能够再做点什么呢?

8. 孩子们衡量世界的尺度

"太阳太强烈，会把五谷晒焦；雨水太猛，也会淹死庄稼"，在教育这块美丽的田野上，我把自己当作勤勉的农人，拔除日复一日的琐屑，锄掉年复一年的倦怠，培养童年的欢乐与美丽，便会收获一种绵长而温暖的教育生活。

持一颗温柔的心。温柔的心，就是不忍的心。跳出"纪律、荣誉、排名"三界，才可以接近真的教育。我不忍心把关注个体的发展变成对集体的控制，在大班级教学的客观事实无法改变的情况下，我宁肯让纪律差一点，也要让孩子们尽可能按照自己的特性和方向生长。我不忍心让孩子们为了集体荣誉甚至老师个人的荣誉，削足适履，说违心的话、做违心的事，或者起早贪黑，用自己的健康擦亮荣誉的光环。我不忍心为了平均分、合格率、优秀率上升一个或者半个百分点，用大量重复的练习无限地挤占孩子们的课余时间，我更愿意让孩子们与古今中外的好书为伍，与清风明月为伴，即使什么也不做，让孩子们有个静静地发呆、静静地把心放空的时间也好。

说一些温暖的话。爱，要说出口，以不做作的方式；训诫，要说出口，以易于接受的方式。良言一句三冬暖，忠言亦须顺耳来。当我走进没有老师在场而依然安安静静的教室，面对孩子们期待我夸奖的表情，我会说"我知道你们自习课很乖，我来看看，不过是确认一下你们真的很乖"；当小组长因为自己的小组不如别的小组优秀而急得大哭的时候，我会用"你的眼泪是认真负责而积极上进的珍珠，值得我收藏哦"使之破涕为笑；当孩子们不顾别人的感受侵犯别人的私人空间的时候，我会告诉他们，与人交往有"己所不欲，勿施于人""己所欲，勿施于人""人所不欲，勿施于人"三重境界……言为心声，少一些试探敷衍，少一些咄咄逼人，多一点坦诚相待，多一点轻言细语，心声便更容易被彼此听见。

做一点温情的事。日常的教育，不是宏观叙事，而是一种具体而细微的生活。这种生活里，有呵护——我每次写以学生为主角的文章，但凡表扬皆用真名，如果涉及批评或者会让孩子觉得难为情的，一定用字母代替；这种生活里，有珍惜——有孩子送了自制的瓢虫标本给我，我会认真地数数瓢虫的星数并告诉他我也喜欢瓢虫；这种生活里，有同情——有个胖胖的女孩在大家的嘲笑中羞红了脸，我轻轻揽住她的肩膀告诉大家，我曾经也很胖很胖，但没有美貌的我却因祸得福养成了诸多美德……做一个温情脉脉的老师，并不需要我们呕心沥血或者时刻如临大敌，在每一个此刻，在每一个当下，用心、体贴就好。

修炼一种温和的态度。暴力和权威不可能直达心灵，而温和，拥有融化坚冰的力量。当预备铃打响而教室里仍然吵闹的时候，我不忙着大声呵斥，就那么站在讲台上温和地等上一分钟，当我沉静的目光拂过所有孩子的脸，教室里就安静了。当两个孩子激烈地扭打在一起的时候，我不忙着追究谁对谁错，只是摆出温和地倾听的姿势，让孩子们慢慢叙述事情的原委，在这叙述中，激动的孩子平静下来，往往不需要老师"主持公道"而"公道自在人心"。当有孩子在日记本里说不喜欢我的时候，我不忙着为自己辩解，而是把他喊到一边，真诚地请他说说他不喜欢我的理由，并且，不忘告诉他"我爱我师，但我更爱真理"……温和的态度，是从容的态度，是理性的态度，是静待花开的态度。温是绚烂至极后的归于平淡，温是繁华过后的细水长流，温是师生之间琐屑而不厌倦的相知相惜，是比承诺更有效的约束，是一种对抗漫长光阴的力量。

用一颗温柔的心，说一些温暖的话，做一些温情的事，给孩子一副温和的面孔，做一个有温度的老师，过一种温热的教育生活，是我一直努力的目标——因为我们的言行，就是孩子们衡量世界的尺度。

9. 老师能断家务事

　　古语常言"清官难断家务事"，清官之所以难断家务事，乃是因为家不是一个讲理而是一个讲情的地方。家务事不是谁对谁错的事，而是谁更爱谁的事。

　　而老师，在教育学生的时候，也必然会或多或少参与到孩子们的家务事中。

　　某天早读时，一向听话的力力没有来上早自习。稍后我接到他妈妈的电话，说他半夜里留下一张字条离家出走了。字条上写着："以前你骂我，我当你是对我好。这一次，我不想再忍了！"电话里妈妈声音哽咽，自责不已。原来，妈妈检查力力的数学家庭作业时，固执地认为力力的方法是错误的，并坚持让力力按照自己的方法做题。力力不肯，于是妈妈顺带着批评起孩子的字写得不好，又看到了一个字错了很多遍仍然是错的，总之絮絮叨叨一大堆……力力一气之下半夜骑了自行车离家出走。

　　后来，力力回来了，表情阴郁。我知道，一个心结等待我去解开——虽然我可以旁观，但是，我理解母亲的心，深知母亲的苦。

　　第一次和力力沟通，我把他妈妈从7点20分到8点之间40分钟内与我联系的短信和通话记录都翻给他看，让他依次抄写在日记本上。一共六次。我没有说什么。面对一个十二三岁的正在气头上的孩子，说教无益。

　　我希望他能从这频繁的联系中感觉到母亲的焦虑和不安。晚上，我电话回访。他妈妈说，母子之间仍然冷若冰霜。

　　第二次，我找力力谈话，仍然不说教。我只是问，让他据实回答。

　　我问："为什么和妈妈吵架？"

　　他说："因为妈妈老是说我的题目做错了，可是我明明是对的。我都已经跟她解释了，她还是说我做错了。"

　　"你跟妈妈解释了几次？"

"两次。"

"哦，两次啊！知道吗？小时候，你常常把一个问题问上五十次，你常常把一个故事听上一百遍，妈妈每一次都会耐心地回答你。我也是妈妈，我知道这一点。你现在不懂，要等你当了爸爸以后才会懂。"

他不说话。

"妈妈读了多少书？"

"高中毕业。"

"妈妈高中毕业这么多年了，她很多东西都不记得了，忘记是正常的。你能够保证完全记住昨天上课的内容吗？"

他承认不能。

"妈妈要检查你的家庭作业，必须把教材看一遍，妈妈这个时候去看电视不是更好吗？"

"妈妈是为了辅导我，是为了我好。"

"你是从广州转回来的，和妈妈租住在一个小房子里，妈妈在这里舒服还是和爸爸在广州舒服？

他说："当然是和爸爸在一起。"

"那为什么妈妈选择了带你回来？"

"因为我没有广州户口，听说在那边不可以考大学。"

"还是为了你好。那妈妈在这边有什么朋友没有？"

他想了想，说："好像有两三个吧。"

"那妈妈经常和朋友们一起玩吗？"

"很少。"

"你可以上学，你可以在下课的时候和同学、老师一起玩耍聊天，你还可以上网、看电视、看课外书来打发空余的时间。但，你妈妈呢？也许，她一天中最快乐的时光，就是你放学回家的时候，和你说上几句话，听你聊学校的生活。而且，还得你心情好愿意说；可即使你愿意说，妈妈也不能一直缠着你说，因为你还要写作业，她怕耽误你学习，是吧？

他若有所思地点点头。

"妈妈怎么打发空余的时间？看电视，还是打麻将？"

"妈妈不打牌，租的房子里也没有电视，妈妈一般拿手机上网。"

"玩游戏吗？"

"妈妈不玩游戏，她主要是看一个大学语文老师的博客。"

我惊讶地问："为什么看一个大学老师的博客呢？像你妈妈这个年纪和职业的人一般都不会喜欢看这些的。"

"因为那个老师的博客写得很好，很有文采，妈妈希望可以告诉我怎么写作文。"

哦，这样的女人！这样的母亲！

"还是为了你好啊！"

我继续追问："你和妈妈赌气的时候，妈妈不给你做饭了吗？"

"没有。"

"妈妈不给你洗衣服了吗？"

"没有。"

"妈妈不喊你起床了吗？"

"没有。"他的声音越来越低。

我笑了笑，看着他的眼睛，问："那你呢？和妈妈赌气的时候，你喊妈妈了吗？你对妈妈笑了吗？你像以前一样把学校发生的有趣的事告诉妈妈了吗？"

他不作声。

"你是觉得喊了妈妈，就等于向妈妈承认你错了，而你到现在也不认为自己错了，对吧？"

他点点头。

"但是，妈妈一如既往，妈妈不在乎谁对谁错，这就是孩子和妈妈的不同。和孩子对抗，父母总是输家，因为孩子肆无忌惮，而父母总是瞻前顾后。但是，做孩子的也要有做孩子的厚道，不能拿着父母的这个弱点来要挟父母啊！"

他脸红了。

"半夜骑车走在路上，害怕吗？"

"不怕，有路灯。"

我温柔地说："但是，你妈妈怕。即使有路灯，妈妈也怕。妈妈怕的东西太多了：怕你遇到坏人，怕你晚上迷路，怕你摔跤，怕你在凌晨的寒风里感冒……你怎么能以这样的方式，去惩罚全心全意对你好的妈妈呢？她并没有做错什么，她只是以她的方式对你好啊！"

他不作声。

"我不批评你，我相信你知道怎么做。"我愿意把内省的时间留给孩子。

第二天，我再次电话回访。妈妈说孩子的态度有一点好转，但仍然不理她。离出走的那晚已经一个星期了，孩子还怄着气。是啊，解开心结，并非易事。

第三次沟通，是一节作文课，我布置写《听妈妈讲我小时候的故事》。力力当然不知道，这是我特别给他们母子和解搭建的一个台阶。

第四次沟通，我利用班会课组织了一个小型讨论：当爸爸妈妈犯了错的时候，我们怎么办。孩子们踊跃发言，我适时点评。力力没有发言，但是，我知道他在听，用心听。

第五次沟通，是月考结束，我让孩子把试卷都带回家给爸爸妈妈看，然后，让爸爸妈妈在日记本上写一点什么。许多家长都以几近虔诚的态度完成了。在许多深情款款的信中，力力妈妈的信写得尤为动情。她写道："孩子，从你出生起，我就一直这样喊你，也许要喊到你长大，喊到我再也喊不了的那一天……"我表扬了很多负责任的父母，特别表扬了他的妈妈，一个坚持看大学语文老师博客的普通农民工妇女。

我再打电话回访。他妈妈说，他和以前一样乖了，懂事了。

我仿佛听见"吧嗒"一声，一个心结解开了。我用一个月的时间磨制的"钥匙"，终于打开了力力的心锁。

这只是一件小事，是我每天在做的无数件小事中的一件。我几乎每天都在通过孩子，一点点地渗入他们的家庭生活，一点点地小心翼翼地了解孩子们的成长经历，希望从中寻出更好的教育契机。孩子们千差万别，他们来自的家庭亦是形形色色，为了寻找这样的契机，我付出了无数时间和心力。我不是超人，我只是尽我所能，为那些和我偶然相遇的孩子们，擦出一片小小的、明净的天。

家务事，亦是教育之事，是必须要断、要管的事。

10. 我们需要一个怎样的孩子

作为父母，或者老师，我们需要一个怎样的孩子？这个问题，一千个人有一千种回答，而我的回答是——我想要一个像孩子一样的孩子。

这样的孩子，爱哭爱闹也爱笑，就像一个孩子那样肆无忌惮；这个孩子真诚善良也单纯，就像一个孩子那样简单透明；当然，这个孩子也积极乐观向上，因为孩子本身就是一个日新月异的个体，有着天然的、势不可挡的正能量。这样的孩子越多，世界就越明朗，越纯净；反之，如果连孩子都深沉世故，暴戾残忍，这个世界就会让人绝望得无法呼吸。

我们155班的李雅清，小名贝贝，就是一个最像孩子的孩子。她不开心的时候会哭哭啼啼，但是遇到高兴的事情就破涕为笑，丝毫不觉得难为情；她爱说真话，自己的真实感受是她表达的重点，违背感受的话她绝不说，如果她说一个人好，那便是真的觉得这人好；她的兴趣爱好广泛，画画、唱歌、跳舞、主持、阅读、写作，样样都很出色，而她自己丝毫没有一点洋洋得意之色，她是把这些特长学习都当作了她的游戏和玩具，当然也就不会有什么骄人之色。

还记得那次学校运动会，学生比赛结束后，接着举行教师接力赛，我代表四年级组跑第一棒，孩子们的呐喊加油声震天响。四年级组获得第一名之后，孩子们都围着我，把糖果、巧克力、牛奶这些他们称之为"奖品"的东西奖给我，李雅清也挤进热闹的人群奋力递给我一瓶牛奶。过了一会儿，李雅清跑到我旁边说："卢老师，你能不能把牛奶还给我，我突然想起一件事了。"旁边的孩子笑笑说："能有什么事，她自己想喝了！"——当然，除了喝，牛奶还能有什么事！李雅清笑一笑，也不怎么觉得尴尬。

我忍俊不禁。多么单纯的孩子！心里怎么想，就怎么说、怎么做，毫不做作，毫不虚伪。

李雅清能够有这样单纯的性格，一是因为她对成人世界的信任，二是因为成人世界给予了她无限的包容和接纳——那么，她的爸爸妈妈，一定是特别懂得孩子的人吧。

我很想深入地了解这个家庭的育儿经。

刚好这个星期，我们练习写信，并要求对方回信。李雅清写给了在外地工作的爸爸，她爸爸认真回信并且拍照传回。透过这弥足珍贵的两地书，我们得以感受李雅清爸爸妈妈在养育孩子方面值得我们大家学习的地方。

贝贝和爸爸的两地书

贝贝给爸爸的信

亲爱的爸爸：

你想我吗？

我很想你！

想念你跟我练功夫时我输了躺在床上赖皮的情景，想念和你玩弹珠我要痞时你气得发抖的脸，我还想念我俩拌嘴的时光，我们一起看电影的时光，我无聊时你默默陪着我的时光……

作为你的"小情人"，我经常欺负你。提起这个，我就会有一点点心慌，也有一丝愧疚。

令我心慌的是：如果有一天，你被我欺负之后，突然打定主意不再和我玩这些幼稚的游戏，不再装作被我欺负了，也不再和我玩、故意逗我哭鼻子了，不再……那时候，我该怎么办？一想起你以后可能真的会这样，我就忍不住想哭。

我真的很愧疚：为什么我要无缘无故欺负你呢？总是给你贴各种黑标签：笨爸爸、幼稚鬼、大懒猪、大鼻孔、大脑门……除了这些，我还总是在你看书的时候，爬到你肩膀上坐着和你一起看；在你专心思考的时候，挠你的痒痒；公交车上我放了个臭屁，毫不犹豫地栽赃给你……想起我那么坑你，我就很心疼。可是每次看到你，我又忍不住想坑你。我真的不喜欢欺负你的我！

你还记得上个周末，我因为没有吃上你承诺的"冰激凌"而狠狠地抓你伸过来的大手吗？你知道吗？在你说手好疼的时候，我拼了命忍住不转过去看，但，心还是狠狠地痛了一下。

我觉得生气时的自己好笨！明知道你下午就要离开，却还在浪费和你在一起的时间。

我非常后悔！非常非常后悔！！！

请你原谅我的幼稚、我的懵懂无知，好吗？

祝你万事如意！

最爱你的贝贝

2016 年 12 月 13 日写于岳阳

爸爸给贝贝的信

亲爱的贝贝：

收到你的信，我很感动！没想到，看似没有长大的女儿也开始懂事了，也开始心疼爸爸了。我很开心，也很欣慰，觉得一切辛苦都是值得的！

因为很多的原因，我没能和你经常在一起生活与学习，我的心中充满了愧疚。当我有机会能和你共处时，我希望和家人一起度过所有的时光，也希望能陪伴你不断地成长。爸爸喜欢和你玩所有的游戏，无论是弹珠子还是下五子棋，即使是玩小公主换装贴画我也可以乐此不疲。但时间总是在不断地流逝，留给我们共处的时间也并不是那么多。我多希望时间能过得更慢一点，让我能更多一点参与到你的成长之中。但时间不会为我停留，我只希望我的贝贝在妈妈的悉心照顾下健康成长。而你也确实不负所望，变得越来越优秀。妈妈辛苦了，贝贝也努力了，爸爸感到很欣慰。虽然爸爸没有为你的成长贡献更多的力量，但我仍为此而骄傲和自豪，毕竟贝贝长着一张和爸爸神似的面孔。贝贝的小毛病也是与爸爸如出一辙：偶尔懒懒的，有点爱乱扔东西，经常开启自黑模式，喜爱运动……我最喜欢的贝贝不是舞台上那个光鲜骄傲的她，也不是那个妙笔生花的她，而是那个没事和我吹牛皮、耍赖皮的她，只有这样，我才觉得那是我真实的女儿。在爸爸面前，你就是一个古灵精怪的小孩子——吃不着冰激凌就会哭鼻子，弹珠子赢了就会开怀大笑，一言不合就会生点小闷气——我喜欢这样的你！

由于一年的大部分时间我都不能和你在一起，所以我格外珍惜和你在一起的每时每刻。今后的人生之路还很漫长，而你也在不断成长，总有一天，你会离开爸妈的怀抱，在更广阔的天地驰骋，但爸妈关怀的眼光永远不会离开你！希望你能永远开心，拥有自己幸福而充实的人生！

爱你的爸爸

2016 年 12 月 13 日写于珠海

读完李雅清爸爸的回信，我深深感动，也深受触动。晚上回家，我搂着儿子，轻轻地对他说："宝贝，妈妈喜欢任何时候的你！"儿子露出一种难以置信的惊喜："真的？！"

真的，这样的话，我对儿子说得太少了。

我忽然明白，我们能否有一个像孩子一样的孩子，其实在于，我们能否允许孩子在我们面前像孩子一样天真烂漫，甚至无伤大雅地肆无忌惮啊！

11. 做小孩眼中纯善的大人

成年以后，有一次我偶然想起一件小事：一个夏夜，我在房里做作业，一群大人坐在我们家的地坪里乘凉，谈笑甚欢。有人不知说到什么话题，妈妈便说："别讲这些，孩子们在屋里呢。"那时，我并不知道他们说的是什么，后来才明白过来，大约是少儿不宜一类的事情吧。明白过来后，我特别敬重母亲的明理，也感激母亲的纯善，虽然她不过是一个目不识丁的农村妇女。

后来看丰子恺的文章《做父亲》，看到他在小贩狡诈耍滑的事实和自己想要在孩子们面前维持这个美好世界的愿望之间左右为难，我很容易就理解了。丰子恺的左右为难，乃是因为他有一颗纯善的父母心。

有了东烨后，我和东烨爸爸忽然觉得自己在道德上大大上升了一个层次：不闯红灯，不乱丢垃圾，不占人家便宜，把垃圾分类，不吝啬帮助别人，下雨天主动多付送我们到楼下的司机车钱——我们想尽量地做一个纯善的大人，特别是在东烨面前，特别是在孩子面前。

那时，我们租住在一个很闹的居民区，楼上楼下有很多顽童，每次上下楼必"咚咚"地把门擂得山响，等我们慌忙去开时，只听见一阵咯咯的哄笑上楼或者下楼去了。如此三番五次，不胜其烦，我们决定吓这些小孩子一吓。一次，我们听到"咚咚"的脚步声，知道是这些顽童又来"光顾"了，东烨爸爸于是拧开门锁，虚掩着门，把手放在门把上，猫着腰藏在门后。那"咚咚"声刚一响起，东烨爸爸倏地把门推开，一本正经地说："小朋友们，你们想到我们家来玩，是吧，请进！请进！"那些小顽童没料到门后藏着这么一个人，一时间面面相觑，不知所措，尔后以迅雷之速飞奔而去。我们关上门，一家人在沙发上笑到肚子疼。后来，这些"咚咚"声便不再响起——毕竟是孩子，顽而不劣。

做小孩眼中纯善的大人，放弃惩戒，选择提醒。

　　一日，我下班回家，见三五小孩仰着脖子围着一棵大树使劲地蹦跳，那焦急而笨拙的情状，甚是可爱。我去看时，原来是他们的风筝挂在树上了，怎么也扯不下来。我虽然知道自己并非身手敏捷之人，但还是自告奋勇地说："看阿姨的！"结果孩子们眼睁睁地看着我把他们的风筝线扯断了，但风筝还在枝头迎风招展。风筝的主人很是沮丧，闷闷不乐。我于是说："阿姨给你买一个新的，好吧？"那孩子高兴起来，顺从地跟我走向校外。我忽然觉得这样有一点不妥，便对这个孩子说："你就这么跟我走，不怕我是坏人把你拐走啊！"那小孩想都没有想，脱口说："你愿意帮我把风筝弄下来，你肯定不是坏人啊！"我忽然觉得受到了最高奖赏，欣欣然，飘飘然。

　　做小孩眼中纯善的大人，既是付出，也是得到。

　　暑假的夜晚，陪东烨去广场溜冰，才坐定，一个和东烨差不多大的小男孩拿着一个闪闪发光的小飞碟凑过来，大大方方地问："阿姨，你买这个吗？"我看这个小孩不像是专门做生意的，最大的可能是他玩腻了这个玩具，想换一个新的玩意儿，打着卖出再买进的主意，可能是他自己的突发奇想，也有可能是爸爸妈妈的鼓励，不管怎么样，我都决定让这个小孩做成这笔生意。于是，我问："你这个多少钱买来的？"他说："八元。"我说："你已经玩过了，所以只能值五元钱了。"小孩同意，但我看钱包时，却只有10元的零钱。我说："你有钱找吗？"小孩想了想："我去那边找散，行不行？"我说："好，我就在这里等你。"小孩拿了10元钱，一溜烟走了。东烨也跟着滑过去，神秘兮兮地说："我去监视他。"我笑着阻止："不用这样，小孩是诚实的，他会回来的。"不过，说真的，那孩子去得有点久，虽然晚风吹得清爽，但是，我仍然觉得有一丝燥热——我不想在无意中纵容了一个孩子的贪念。那孩子终于回来了，兴高采烈地递给我5元钱，大声地说："我在那边换的！"我说："小朋友，你真的很棒哦，阿姨其实并不是特别想要你的飞碟，但是，看你那么能干，所以我就买了。"

　　做小孩眼中纯善的大人，不是做作，而是成全。

12. 让孩子被需要

童话里，有关于成长的密码。比如《木偶奇遇记》。

这部经典童话，有助于我们认识教育，了解儿童。

匹诺曹是孩子的典型代表：讨厌上学、讨厌上课、讨厌老师，喜欢许诺但是很少守诺，容易轻信却不长记性，想要舒适却厌恶劳动，容易感动但不容易行动。虽然"不想做一个木偶人，想快快成长"，虽然信誓旦旦地不让仙女妈妈失望，"然而"还是在变成真正小孩的前一天经受不住玩伴的诱惑去了"假期从一月的第一天到十二月的最后一天"的玩具国。

在匹诺曹的生活中，总有很多很多的"然而"，就像孩子的成长，总是经历着无数的曲折反复。

然而，很多教育工作者不愿正视这点，热衷于鼓吹瞬间教育的功效，热衷于寻找一劳永逸的灵丹妙药，热衷于研究别人的成功经验企望简单复制或移植。

这种盲目的热衷，导致许多教育的迷信。

例如，自欺欺人地迷信说教的力量，以为只要练就唐僧的"唠叨功"，便可精诚所至金石为开。实际上说教的效果如何呢？从玉米糊爸爸到仙女妈妈，还有那没有直接出场的老师，哪一个不是苦口婆心循循善诱！可是，千言万语抵不过玩伴灯芯几句话的蛊惑，匹诺曹选择了玩伴，背离了亲人。

或者，一厢情愿地迷信付出的力量，以为只要无私地奉献，孩子的心总会为之所动。于是玉米糊爸爸在冬天卖掉了自己的旧上衣替匹诺曹买回了识字课本，虽然他当时也激动得亲吻爸爸，但终究还是为了能看木偶戏而卖掉了识字课本。

再或者，善良地迷信宽容的力量，以为宽容的力量如春风化雨，却不知道宽容常常导致放纵。仙女妈妈无比宽容，无论匹诺曹犯了多大的错误，都一如既往地接纳他。可结果呢，匹诺曹留下一句"没法子，让她骂去吧，骂完了就没事了"就不管不顾地去了玩具国。

有时候，也刻意放大伤痛的力量，以为遭遇家庭的变故，孩子便可一夜成才。当匹诺曹终于从"看家狗"的屈辱里解脱出来回到仙女妈妈的家时，他看到最敬爱的仙女妈妈死了，爸爸也不知所终，他哭了整整一夜——我们读着不禁想，这回匹诺曹总该长大了吧。可是当他来到蜜蜂岛，在二十四小时没吃一点东西的情况下，他宁肯选择乞讨也拒绝从事任何劳动。

那么，意想不到的沉重打击能不能唤浪子回头？答案也是不一定。当匹诺曹在玩具国里疯玩了五个月，突然在一天早上发现自己变成了驴子时，他痛苦、羞愧、绝望，戴上大棉帽子遮住驴耳朵。可是结果又怎样呢？请看作者的描述：

> 这时候出现的场面要不是千真万确，就会叫人觉得不可思议。原来，当匹诺曹和灯芯看到他俩遭的是同样的难时，他们就不再觉得是耻辱，不再感到痛苦，相反还抖动起他们大得不相称的耳朵，说了一通脏话，最后竟放声大笑起来。

作者对孩童的心灵，真是洞若观火。所有教育工作者都会熟悉这个场景的，为自己开脱，几乎是每个孩子的本能！

当然，说教、付出、宽容、伤痛和打击，都可以促使孩子成长，但都不是成长的主要原因。如果孩子自己没有强烈的成长愿望，那么一切说教、付出等，就都是隔靴搔痒，瞎子点灯白费蜡。

然而，童话里，木偶匹诺曹终于还是变成了真正的人。

在鲨鱼肚子里巧遇爸爸后，匹诺曹开始真正成长。面对绝望的爸爸，他说"必须马上想办法逃走"；面对不会游泳的爸爸，他说"您骑到我的肩膀上来，紧紧搂住我，其余的我来想办法对付"。

为了给爸爸换取一杯牛奶，"既不想工作也不想学手艺"的匹诺曹愿意从井里提一百桶水；为了医治病重的仙女妈妈，他把自己用来买新衣服的钱全送给了仙女妈妈，而且把晚上工作的时间由十点推迟到十二点……

然后，他在一天早晨发现自己变成了真正的孩子，他极其满意地在心里说：

"当我还是一个木偶人时，我是多么滑稽可笑啊，现在我变成了一个真正的男孩子，我多么高兴啊！"

充溢他内心的，是一种成长的喜悦，是任何人不能给予也不能剥夺的无上喜悦！

木偶变成人，是孩子长大成人的隐喻。

孩子的成长，不是因为需要的被满足，而是被需要的满足。

被需要，会让孩子觉得自己有价值；被需要，会让孩子意识到责任重大；被需要的孩子渴望变得更强大以便担当更多。孩子觉得自己被需要的那一刻，生命开始觉醒，心灵开始成长。从此，生命的潜能被唤醒，隐形的翅膀被打开，长大的愿望变得如此强烈，不可阻挡！

人，是社会的动物。被需要，是人的社会价值的体现。一个从来不被任何人需要的人，是社会的多余人，如风中的柳絮无依，似雨打的浮萍无根，人生轻飘得没有一丝分量。孔乙己人生最大的悲剧，不是考了一辈子没有中举的落魄，也不是偷了书被打折腿的凄凉，而是"孔乙己是这样的使人快活，可是没有他，别人也便这么过"的可有可无。他不被任何人需要，也便不被任何人关心。孔乙己即便不"大约的确死了"，也终有一天会终结自己的生命吧。可有可无、不被需要的人生，是生命不能承受之轻！

请给孩子被需要的感觉吧，孩子将以迅疾的成长来回报你的理解和懂得！

13. 保卫童年

"70后""80后"聚在一起聊过去，谈到童年，总是说同样的话：我们的童年很快乐，如今的孩子童年一点趣味都没有。他们的证据是：在那样的年代里，父母忙于生计，无暇管束孩子，孩子们一天到晚在田野里、山坡上、池塘边疯玩，捉鱼虾、钓青蛙、掏鸟窝、挖红薯、烧野火……即便物质生活艰苦，但是亲近自然的快乐，天然有着治愈苦难的功效。末了，大多数生活在城市的人会无限神往地说一句：还是农村的孩子好玩。

那，现在，还是如此吗？

作为一个在农村长大、在农村工作过而今定居城市但不定期回农村的教师，作为一个陪伴儿子和众多学生成长的"80后"，我对于现今孩子们的童年尤其是农村孩子的童年，总有一些隐隐约约的忧虑，我总觉得童年不应该是我现在看到的这个样子。但是忧虑何在，童年应该是什么样子，我没有细细思考过，也无从得出结论。

这个寒假，我特意看了两本书，尼尔·波兹曼的《娱乐至死》和《童年的消逝》，这两本书解开了萦绕在我心里很久的困惑，使很多以前囿于理论而想不明白的问题变得明朗起来。

尼尔·波兹曼认为，童年并不是一开始就存在的事物，它是随着十五世纪印刷术的普及而被创造出来的一个概念。在印刷术普及之前很长的时间里，儿童与成人之间靠口语传播信息，彼此分享基本相同的文化世界，所以人类并没有"童年"。印刷术普及之后，文字成为主导，成人掌握着文字和知识的世界，儿童与成人之间出现了一道文化鸿沟，"童年"诞生了。这其实解释了最早的文明里，为什么没有专门写给孩子的"儿童文学"作品；而中国，直到二十世纪，才有真正的儿童文学。"童年"没有发明之前，人们并不认为孩子跟成人有什么区别，孩子的权利更是无从保障，想想《二十四孝图》里"郭巨埋儿"的故事吧，那真是令孩子们毛骨悚然。

尼尔·波兹曼指出，随着电视时代的到来，童年正在慢慢地消逝。电视时代，一切信息都能够在成人和儿童之间共享，成人和儿童的界限逐渐模糊，儿童几乎都被迫提早进入充满冲突、战争、性爱和暴力的成人世界，"童年"逐渐消逝。而童年存在的一个根本原因，就是因为秘密——承认儿童和成人不同，承认孩子的心智和身体的不成熟，所以成人世界的秘密，必须依次有序地教给孩子，孩子要通过学习，才能渐渐掌握这些东西。在孩子还没有成熟到接受这些成人世界的秘密之前，让他们提前接触这些东西，是对童年的伤害。

但是，电视无法也无须设置观看的级别，电视节目不像书籍，不以逻辑性、清晰、有序、崇尚理性为特征，对观众没有智力要求，一个7岁的孩子和一个30岁的大人看电视的时候，理解电视节目的程度没有很大的不同。电视消解了童年，使孩子成为"微型成人"；也消解了成年，使成人成为"儿童化成人"——越来越多的孩子说着大人的话，而更多的成年人幼稚得可笑，这是不争的事实。

而最让尼尔·波兹曼忧心忡忡的是，在成人和儿童共同成为电视观众的文化里，政治、商业、教育等最终蜕变为幼稚和肤浅的文化，人类的文化精神逐渐枯萎。读到这里，我心里有一种莫名的恐惧。

所以，以"保卫童年"的名义，我带着孩子抵制电视；以"保卫思想"的名义，我自己抵制电视——从前，现在，未来，都是如此。

尼尔·波兹曼的《童年的消逝》写于二十世纪八十年代，那时候，美国虽然全面进入电视时代，但是，计算机还没有普及，计算机操作界面还没有如今这么友好、便捷，而手机上网大概还没有被人类的大脑设想过，尼尔·波兹曼那时候无论如何也预测不到，今天网络将会以这样势不可挡的冲击力消解童年吧！

试问，在具备上网条件的地方，有几个孩子尚未触网？在触网的孩子中，有几个孩子不能轻易地从网上得到和成人一样多的五花八门的信息？当孩子们在网页上浏览一些明显不适合他们年龄的信息时，有几个孩子的父母在旁边监管？监管的父母又有几个能够及时给予孩子科学的指导？……如洪水猛兽一样势不可挡的网络吞噬了多少孩子的童年，使他们既看不见青山绿水，亦看不见人间真情，只余下网络游戏里的打打杀杀浑浑噩噩和厚厚的眼镜片后面迷茫空洞的眼睛。

很多人以为，沉迷于游戏只是城市孩子的现状，农村孩子依然可以在蓝天碧水之间自由奔跑。且不说农村有没有蓝天碧水，只说网络游戏对农村孩子童年的侵蚀，其实更甚于城市。城市孩子的课余时间被各种特长班、补习班挤占不少了，这曾经是被无数人诟病的"负担过重"，但至少客观上减少了孩子们沉迷网络游戏的时间。农村孩子的闲暇时间的确更多，但是，这些闲暇时间里，他们在做什么呢？

读书？不可能！农村孩子大多没有课外书可读，依然如故，这不是经济的问题，是认识的问题。

做家务？没有！就我所认识的农村孩子，没有一个勤快能干的，都被爷爷奶奶以及自己给宠坏了。

看电视？正是！无须多言。

玩手机？对了，其程度用见缝插针、分秒必争来形容毫不为过。

今年过年，我常常在晚上散步的时候看到这样的景象：在有 Wi-Fi 的人家的屋檐下，三四个孩子拿着手机全神贯注地玩游戏，全然不顾寒风瑟瑟、墙壁冰凉。主人不在家，屋里黑灯瞎火，手机的点点光亮，一闪一闪，使我觉得有一种别样的诡异恐怖。他们的父母呢？要么在牌桌上，要么自己也在玩手机。呜呼，这样的童年！

儿子在老家曾有一些玩得比较好的小伙伴，每次回家，他们都会一起疯一起野。这次回家，他和他们几乎是无话可说了，因为他们一天到晚在人家屋檐下蹭 Wi-Fi 玩游戏，即使是放炮、枪战、野外漫游这样以前乐此不疲的活动，也无法把他们从游戏的世界里唤回来了。儿子笑着说："以前的读书人，凿壁偷光；现在的孩子，凿壁偷 Wi-Fi。"

网络时代，我们要如何教育或者拯救这样一群深陷其中的孩子？

换言之，今天，我们要如何保卫童年？

14. 公交车上的孩子

每天上下班，我要坐两趟公交车。

等车和坐车的时间，是我一天之中最闲适的日子，即使刮风下雨，即使临近迟到，我仍然是气定神闲地等车、坐车。在每一个漫长的红绿灯路口或者堵车时司机烦躁的喇叭声里，我仍不改闲适悠然的心境。

因为，公交车的速度，实在不是我的烦躁所能够加快的；道路的堵塞，也实在不是我的焦虑就能够打通的；虽然无穷的远方、无数的人们可能都和我有关，但是这一车老老小小的乘客，目前和我几乎没有交集。

一天，正是我在公交车上"独与天地精神往来"的时候，耳朵里却被一阵一阵的对话声塞满。那两个说话的人，大概是在车上偶遇的熟人。一个是老人，带着小孙儿；另一个年轻点，带着自己的孩子。她们隔着好几个座位，一来一去的声波都经过我的耳边。我不喜欢听别人的家长里短，但是，公交车上无处可逃。

听了一会儿，我听明白了。她们的对话，围绕着老人的小孙儿展开。

小孙儿三岁半了，还不会讲话，只能够哇哇地叫……到很多医院去检查了，都说没有问题……除了不会讲话，其他都正常……每天上午去妇幼保健院做康复治疗，下午上幼儿园……在幼儿园也不说话……老人大声地详尽地向对面的年轻妈妈讲述孙儿的种种表现，声音里没有焦虑和悲伤。大概长期以来的事实足够让她以及她家里的人坦然接受这不幸。

年轻妈妈大声地问，大声地提出自己的建议。伴随她的每一声问，是老人更详细的陈述。而她的建议，往往带来的是老人"都试过了"的无奈。

她们讲得越久，我越焦躁不安。不是因为她们的大声喧哗扰了我的清净，而是我一直在看着那个三岁多安安静静地坐着不动的小小孩子。

这是一个清秀的男孩子，虽然不会说话，但是显然，他知道，奶奶和阿姨讲的正是他自己。他的眼皮低垂，偶尔瞥一下其他人，也是犹犹豫豫、躲躲闪闪的，全然没有三岁小孩那肆无忌惮的快乐和自信。

可怜的孩子！

我想起东烨小时候的一件事。

一直以来，东烨都很瘦。每次遇见熟人，别人都好心地打趣他："你怎么这么瘦呀！叫你爸爸妈妈给你多做一点好吃的！"我总是谢谢对方的好意，并且耐心地向别人解释，东烨吃饭很乖。

我没有想到，这件事竟成了小东烨心里的结。

有一次，我带东烨去买衣服。试完衣服，和蔼的女老板说了一句："小朋友，你真胖！"我当然知道老板说的是反话，但是东烨却忽然如释重负而且颇为欣喜地说了一句："别人都说我瘦，只有你说我胖……"东烨如释重负的喜悦，立刻使我心痛起来：作为一个母亲，我不够敏感，不够体贴，没有察觉别人一次又一次善意的逗弄，叠加成了孩子心上的不堪重负——当所有的人都说自己瘦的时候，小小的孩子便把瘦当成了一种缺陷、一个毛病、一件坏事。这正像鸭棚里的丑小鸭，当所有人都说自己丑的时候，他便觉得自己真是"丑得连猎狗也不咬我了"。

如果说小孩子是弱势群体的话，其中应该有很大一部分原因，在于他们总是置身在大人的随意评判之中而无法申诉。就像这公交车上的三岁小孩，口不能言，手不能推，脚不能踢，他要如何表达自己对奶奶和阿姨口无遮拦的不满和反抗？

那天买完衣服后，我立刻对东烨进行了心理干预，跟他讲瘦子的种种好处。后来，我也总是有意无意地夸赞他的灵巧敏捷，他慢慢从瘦的阴影中走出来，接受了自己的体型。而这公交车上的小小孩子呢？他的爷爷奶奶、爸爸妈妈是否能够明白并终止言语的伤害？那一次一次对别人的大声讲述，那一次一次在家里的长吁短叹，仿佛绵绵密密的乌云，布满他小小的心灵。

我快要下车了，但是，那老人和年轻妈妈仍然你一言我一语地讲着这小小孩子的种种，仿佛那孩子并不存在一样。我鼓足勇气，走上前，对那位奶奶说了几句话——我需要勇气，是因为我不知道会不会碰上一个蛮横无理的老人。

我说："老人家，你们家宝宝其实很聪明，你看他的眼睛，很清澈，很明亮。既然医生说他没有问题，那就是没有问题。你们要耐心地教他，一个字一个字、反反复复、慢慢地说。你们千万不要再在他面前这样谈论他不说话这个问题，这是一种消极的暗示，只会加重他的心理负担，只会让他更怕开口。不仅你不能这样说，你们一家人都不要当着他的面说，你们要把他当成一个正常的孩子相处、交流……"

这时候，旁边一位举止优雅的老人也凑上来，对那位奶奶表达了同样的意思。那奶奶脸上涌起一股窘态，不好意思地说："是我们没有注意，是我们没有做好！"她一连串地说，仿佛在跟谁道歉似的。

下车的时候，我热情地跟那个小小的孩子说"再见"。他还是安安静静地坐在位置上，只是看了我一眼，没有其他表示。我再次感到心痛，仿佛看到了多年前东烨那如释重负的喜悦，那是一种扎心的喜悦啊！

后来有一天，我又在公交车上碰见了这祖孙俩。仍然是坐在那个位置，位置上仍然是放着一个小小的绿书包。但是，奶奶没有和别人讲话，而是把全部的注意力都放在小孙子身上。奶奶一个字一个字、一个词语一个词语、反反复复地给小孙子念着。

"跳，宝宝，跳！"

"警察，宝宝，警察！"

"车，宝宝，好多的车！"

那小小的孩子，趴在车窗边，兴奋地指着窗外流逝的东西，哇哇地大叫！

我走近几步，对那奶奶说："老人家，这些天，宝宝的情况好了很多哦！"我还说，贵人语迟，苏轼的第二个儿子，也是很晚才开始说话的呢。

老人家尴尬地笑笑，说："我们家宝宝是很聪明的呢！他最喜欢警察叔叔了！"那时候，车刚经过一所高中。高考期间，外面有穿制服的人执勤。

我俯下身子，对那个小朋友说："宝宝，你今天看见警察叔叔没有？"

他含混地叫了两声。

我愿意把那理解为"没有"。

我说："宝宝，你说没有看见啊，你真棒！"

下车的时候，我满心喜悦。

我觉得，我做了一件对的事情。无穷的远方，无数的人们，虽然都和我有关，但同一趟车、同一座城的人们，不是应该和我有更多交集吗？

愿那不会说话的孩子，最终能够自由地表达。

愿每一个孩子，小时候都被世界温柔相待。

15. 爱和自由

有一日，我和儿子对坐，无意间抬头，猛然瞥见他的唇边生了一圈细密的绒毛，有一种明显的黑。我以为我看错了，定睛细看，却发现黑得更加分明。

一种淡淡的惆怅、淡淡的失落，瞬间袭上心头。

我的儿子，那个我宠之在手心、含之在舌尖、爱之在心头的小孩儿，终于还是长大了。尽管我多么舍不得，尽管我似乎还能闻嗅到他身上的乳香，尽管 12 年的光阴回首时仿佛只是弹指一挥间，但他，终于不可阻挡不管不顾地长大了——他属于我的时间将越来越少，他需要我的时候将越来越少，他将日甚一日地独立于我，以一个青春少年的昂扬姿态。时光，你多么慷慨，又多么无情！

曾经的 12 年，我给予他无穷无尽的爱，但是往后的岁月，我知道，除了绵绵不绝的爱，我更需要给他恰到好处的自由——尊重他的意愿，尊重他的选择，尊重他的价值观，在他关上门并言明"闲人免入"的时候绝不贸然闯入，在他叮嘱"东西放在书包旁边，我自己放进书包"的时候绝不擅自拉开那一条拉链，在他郑重其事地说"这是我的手抄报，我认为这样就很好了"的时候绝不游说他加上更完善的边框……不是他的房间真有什么秘密，不是他的书包藏有什么玄机，也不是没有边框的手抄报更好看，只是，既然这是他的选择，在无伤原则的情况下，尊重便是我最好的选择。

无可奈何也好，明白事理也好，在这场由儿子有意无意发起的"自由争夺战"中，我如果不见好就收，便将一败涂地。我决定，给他爱，更给他自由。

而我的儿子，也在这爱和自由中，逐渐成为他自己。

每天早晨，我和儿子都很早就到了学校。这个时候，校门还没有开，校门口除了忠于职守的门卫，只有零星的三两个早到的学生。我径直就从门卫室进了校门，儿子总会抬头看看门卫室电子屏上的时间。如果没有到开校门的时间，他必规规矩矩地等在校门口。我希望他可以和我一起经门卫室进校门，一起去食堂吃早餐——这，本来也没有什么不可以的，可他总是一本正经地拒绝。他说："我是大队长，怎么可以不遵守学校的规定呢！"如此两次之后，我便不再鼓动他和我一起进校门、一起吃早餐，并对那个徘徊在校门口的身影投以赞许的目光。我想，这个小小男子汉，将来大概是不会为了一己私利一点方便而践踏规则的吧；这个小小男子汉，是未来社会所仰仗的"公民"中的一员吧！

一日，我和儿子去散步。儿子说想吃杧果，我摸摸空空如也的口袋说："妈妈出来散步，身上没有带钱，我和店老板很熟，我们去赊几个杧果，明天再付钱。"儿子说："既然这样，那就明天再买也行。"我恰好自己也想吃杧果，便坚持说赊账没有问题，可是儿子振振有词地说："妈妈，没带钱就不买东西，不要养成这样赊欠的习惯。"我忽然觉得羞愧，平常我总希望儿子能够"延迟满足愿望"，可今天，我却差点因一时的口腹之欲啮噬了他的意志。

很小的时候，儿子就对宇宙充满了幻想，立志要当一个天文学家，黑洞、白洞、红巨星、白矮星等词语常常挂在嘴边。为此，家里买了很多天文学书籍，本本价格不菲，摆在书柜显眼的地方。但不知什么时候起，东烨对宇宙、对星空不再有兴趣，言谈之间也甚少出现这些天文学的词眼了。我心疼那些昂贵的天文学书籍，提醒他偶尔翻翻看看，他却说，妈妈，我现在对物理化学更有兴趣。于是，我在书柜显眼的地方用物理化学方面的书籍取代了那些"宇宙大百科"，然后按照他的要求买了一堆柠檬酸、小苏打等。也许某一天，物理、化学的仪器和药品，与那些厚厚的天文学书籍一起，又将成为一种摆设，被遗忘在某个角落积满厚厚的灰尘，但是，我会认为值得。我用这些"浪费"，给儿子提供了一个寻找自己真正兴趣的机会。

现在，面对这个12岁的男孩，我的言谈举止多了几分慎重，多了几分考量。我知道，当一个好妈妈，不是一件容易的事情。我怕，我不够智慧，不够大度，不够耐心，不够……

给孩子自由，对父母来说，真的是一件极难的事情，睿智明理如龙应台，也被儿子不客气地提醒：

> "妈妈，你跟我说话的语气和方式，还是把我当十四岁的小孩看待，你完全无法理解我是个二十一岁的成人。你给我足够的自由，是的，但是你知道吗？你一边给，一边觉得那是你的'授权'或'施舍'，你并不觉得那是我本来就有的天生的权利！对，这就是你的心态啊。也就是说，你到今天都没法明白：你的儿子不是你的儿子，他是一个完全独立于你的'别人'！"

孩子，是完全独立于父母之外的"别人"，而自由，是孩子天生的权利。要明白并且践行这一点，于父母，于中国父母，真比登天还难。而我，又何尝不是沾沾自喜于我给了儿子某些"自由"呢。

如果，我不能认同"自由是孩子天生的权利"，那么我的孩子就很难真正成为他自己，他就或多或少地烙印着我管教的痕迹。可是，面对茫然不可知的未来，我又怎敢放手一搏，给予儿子足够的自由？

那么，我之前所谓的"恰到好处的自由"，是一个怎样恰到好处的限度？面对这个嘴唇上有着淡黑色绒毛的即将迈入青春期的儿子，我切切实实地感觉到了一种茫然失措，那是别人曾经先于我感觉到但之前的我不以为然的茫然失措。

辑四

● 语文，是一种生活方式 ⟳

1. 来吧，让我们编一个爱和梦的童话

　　人教版七年级《语文》上册第一篇课文是王家新的现代诗《在山的那一边》。刚进入初中的孩子，陶醉在语文课堂上，陶醉于诗人小时候伏在窗口痴想的纯真，陶醉于山那边是海的诱惑，陶醉于课堂上肆意流淌的诗意和美丽。

　　快要结课时，我用爱因斯坦的名言"提出一个问题比解决一个问题更重要"来启发学生提问。一石激起千层浪，课堂立刻活跃起来。

　　星烁的手固执地举着，直到我点到她。她迫不及待地站起来："老师，我觉得诗人的妈妈骗了他，他妈妈明明知道山那边不是海！"

　　我不做回答，也没有要求其他学生解读，而是注视着星烁认真地反问："那，你的妈妈骗过你没有？"

　　"当然骗过啊！我哭闹的时候，妈妈就说，只要我不闹就给我买糖吃，可后来却没有买。"

　　我把目光转向全体同学，饶有兴味地问："星烁的妈妈用'糖'骗孩子，诗人的妈妈用'海'骗孩子，你们觉得谁的骗术更高明？"

　　孩子们纷纷大叫："当然是诗人的妈妈高明啦！星烁一看没有糖吃就不相信妈妈了，而诗人爬上一座山没有看到海以后还会继续爬另一座山，他相信总有一天会看到海的！"

　　"的确像大家说的那样，即使诗人长大后明白妈妈是骗他的，但我想，已经找到了自己那片海的诗人，对妈妈除了感激，是不会责怪的。其实我们很多优秀的父母，都会在孩子很小的时候用一个梦想来骗孩子，比如发明了飞机的莱特兄弟的父亲。"

　　我给孩子们讲了莱特兄弟在父亲的激励下发明飞机的故事。故事讲完了，莱特兄弟的故事让课堂安静得有点庄重，孩子们被智慧的父亲感动着。我轻轻地

说："用爱的谎言在孩子的心里埋下一颗理想的种子，久而久之，这谎言就成了一个童话，一个我们用一辈子去追寻的目标。你们的爸爸妈妈是不是也为你精心编过这样的童话呢？"

孩子们七嘴八舌，眉飞色舞。可以想见，在孩子长大的过程中，我们可爱可敬的父母都这样善意地诱惑过孩子们。

于是，我对他们讲起我和儿子的故事：他特别崇拜孙悟空。当他表现特别好时，他就常常能在柜子里、床底下或门后面发现"孙悟空"送的礼物，而且还在某个显眼的地方留着"孙悟空到此一游"的签名。上小学一年级第一天放学回来，儿子在书架上发现一本书，欣喜若狂，大呼："孙悟空真是神通广大，他居然知我喜欢看《一年级的小豆豆》！"

学生们深有同感："我爸妈也是这样骗我们的，骗了好久。"

"那你们明白真相后会不会责怪父母呢？"

"当然不会，为了得到礼物，我们表现可好了。爸爸妈妈骗我们是因为爱我们，以后我可能也会这样去骗我的孩子。"

"是的，孩子们，你们说得真好。老师想告诉大家的是，世界上根本就没有神仙，只有爸爸妈妈才永远是我们的庇护神。在我们攀登险峰时，在我们寻找大海时，无论我们摔得多痛、淋得多湿，爸爸妈妈永远在我们身边张开翅膀庇佑着我们。所以，孩子们，请你们无条件地爱你们的父母，因为他们是这个世界上唯一还没有认识你就已经爱上了你的人！"

课上完了，可是这首关于梦想的诗歌，这个由学生提出的问题，这些由爱衍生的童话，却久久萦绕在我和学生的心头。

亲爱的爸妈们，亲爱的老师们，来吧，让我们一起，在课堂上为孩子编出一个个爱和梦的童话！

2. 我愿看到，所有梦想都开花

在一节以"我的理想"为话题的作文公开课上，当我问到"你的理想是什么"的时候，希希站起来说："卢老师，我说的话，你可能不喜欢听。"

我说："只要是真话，都应该被尊重。"

他说："我现在没有理想。"

这句话如一颗石子，激起千层浪花。

听课老师诧异：这孩子怎么可能没有理想？！

学生们也诧异：他怎么敢说自己没有理想？！

我很平静，我知道，他说了真话。比之动辄要成为科学家、电影明星，或者要登上珠穆朗玛峰、要上九天揽明月，"我现在没有理想"是多么朴素而真实的表白。

我还知道，十一二岁而没有理想的孩子，并不只是他一个。于是我在课堂上做了一个调查。果然，有二十多个孩子举手表示目前没有理想。

先别忙着指责，也别忙着循循善诱，先来听听孩子"目前没有理想"的理由，这是多么动人！

有人说，理想太庄严，在没有确定之前，我不敢轻言理想；有人说，理想太宏大，我不想说做不到的事情；有人说，理想太遥远，我还是活在当下比较好；有人说，我的理想可能不符合爸爸妈妈的期望，所以就不将之作为理想；也有人说，我还在寻找当中，还没有找到适合自己的……

听了孩子们的理由，你难道还要认为孩子们的"目前没有理想"是浑浑噩噩，而不是慎之又慎？

面对孩子们的"迷失"，我没有失望，也没有惊慌，因为我知道孩子们说了真话。在众目睽睽之下说了真话，在成人的期待之下坚持了自己——而这，是我多么期待的理想人格！

而这，才是抵达自己内心真正理想的唯一正确的路径！

我知道，是我们成人世界的价值观吓着孩子们了，使他们以为：理想是蜗牛背上重重的壳，而人生必得功成名就才算不白活一回。说到底，我们还是更看重"兼济天下"的人生选择，而忽略了"独善其身"是人生的另一种可能性，一种相对于大多数人来说更大的可能性。这就使得那些与"兼济天下"无关的人生理想都不值一提。

孩子们难道是真的没有理想吗？

不是，他们只是没有我们所希望的理想，他们只是不想跟很多很多人谈自己的理想。

比如，潋潋说："对很多家长来说，我的理想可能是让人反感的，是不务正业的，因为我的理想是当一名游戏测试员，或是创办一家游戏公司。可是卢老师说过'任何理想都应该被尊重'，所以我不怕了。"

比如，蓁蓁明明有一个很美丽的理想——当一个插画师。可是在课堂上，她不想说。课堂上，我问她："你的理想是什么？"

她摇头。

"是没有吗？"

她摇头。

"那是不想说啰？"

她点头。

不想说就不说呗。谁说每一个孩子都必须将自己的理想公之于众？谁说孩子们在公开课上没有不作回答的权利？

课堂上，那些举手说没有理想的孩子，一度有点茫然失措，以为自己没有理想是一个错误。于是，我给他们讲了崔永元采访的一个美国卡车司机的故事。这个卡车司机在很小的时候说自己将来长大了要开卡车，他的父母、他的老师、他的邻居都为他高兴，认为他是一个了不起的人。长大后，他读了汽车学校，成年后真的开起了卡车。他把卡车精心装扮成一个"流动的家"，已经和这"流动的家"一起跑遍了大半个美国……孩子们被故事感动，渐渐释然。

试想，当有一天，孩子跟我们说，他的理想是当一个卡车司机的时候，我们能不能高兴地或至少是平静地接受？我们能够在多大程度上抑制自己循循善诱以使孩子调整人生规划转向志存高远的冲动？正因为我们不能，所以，我们的孩子被引诱着、威逼着在"我的理想"这一栏，违心地填上了许许多多庄严神圣的字眼。

所以，写作和批阅《我的理想》这样的文章的过程，无异于师生之间相互的自欺欺人——一些学生为了完成任务东拼西凑写得富丽堂皇，而老师善意地希望并且相信这些高大上的理想真的能够实现。

我期望，孩子们能够真实地面对"我的理想"；我希望，孩子们能够真诚地写作"我的理想"。当写作变成了一件真诚的事，孩子们就写出了好东西。

当我要求孩子们把文章送给爸爸妈妈批阅并且请爸爸妈妈写下评语的时候，我看到了134班家长群体的理智和宽容。比如，当晨晨说她的理想是当一名吃货的时候，她妈妈写道："一个吃货的人生是温暖的。"并没有说教，亦没有失望，只有无限的温柔和接纳。

到底，还是爸爸妈妈了解并且懂得呵护孩子们的身和心啊。而我，愿以父母之心来尊重、来呵护孩子们的梦想，无论远近，不论大小，是孩子们自己真正想要的人生就好！

读完孩子们的所有作文，我深深地感慨："00后"，不是"90后"了，也不是"80后"了，更不是"70后""60后"了！他们有他们的生活，有我们所未经历的全新的生活——这样的生活，应该被我们尊重和接纳！

【附：学生作文和家长点评】

我的理想

王祎萌

我呢，说实话当下没有什么确定的理想，自从不想当书法家之后，就再也没有了。或者换个说法：我再也不敢随便确立"理想"了。因为理想容易遇到险阻，我又不舍得放弃。我好像对"理想"这个词越来越捉摸不透了。

现在，我只能说暂时的理想，似乎又有很多。

有时，我想做一名手工艺人。我要捏很多黏土猫咪，缝很多布洋娃娃，雕很多木偶玩具，还要收集数以万计的纽扣、徽章，开一家小小的咖啡馆，并且在店里出售书籍和自制的玩具。而我呢？我会陷在柔软的沙发里，带着一丝软绵绵的倦意看着书，啜着咖啡。这种日子实在是太惬意了，这就是我心中的天堂的模样。

有时，我想长大之后一定要开一家宠物店，在里面养满了小猫咪、小仓鼠、小龙猫……我会给它们开辟一个房间，让它们自由活动——当然，也会带他们去大自然自由活动。而我呢？我会坐在小动物中听着纯音乐，捧着书，给小动物们讲故事。谁说对牛不可以弹琴呢？

有时，我想在荷兰拥有一座牧场，风车引着海水，运河浮着扁舟。草地则被分成了三块，一块种菜，一块放牧，一块则开满了薰衣草和郁金香。而我呢？夜晚，我会把卢老师请过来，让她和我一起躺在郁金香的海洋里数星星……这样的梦境，想想都觉得非常浪漫，非常满足。

……

这些只是一些想象罢了，我希望自己能尽最大的努力去完成，尽可能完成得更多。当然，如果都实现不了，我希望我能当一个健康快乐的上班族，健康就好，快乐就好！

静水流深，岁月静美……

爸爸的话：我以前也写过"我的理想"一类的作文，一般都是"实现四个现代化""当侠客""当科学家"之类的"高大上"的理想，往往是空洞而不切实际的幻想。这篇文章中描绘的理想，充实而真实，读来让人感动！生活中的你爱做手工、爱听音乐、爱看书、爱讲故事……这样的理想，朴实而浪漫，尤其是和卢老师一起躺在郁金香的海洋中数星星的梦幻奇境，令人神往！有感恩之心，有分享之愿，生活必定是阳光灿烂的！

3. 课堂上那些特别小的事

课堂是什么？课堂是学生生命在场的地方，是学生心智成长的地方，是学生自我教育的地方……总之，课堂是有"我"的地方。

一

语文课上，我请小王解释一下"怂恿"的意思。

小王窘迫地说："我……我不知道。"

一旁的小熊鄙夷地说："嗬！这个都不知道，书上都写得清清楚楚的，不看书的啊。"

我不动声色地说："小熊，你来说说'怂恿'的近义词，也是我们本册学过的哦。"

这时，小熊也窘迫地说："我……我不记得了。"

"撺掇，从旁鼓动人做某事。请翻到 121 页第 16 课《社戏》，书上也写得清清楚楚的哦。"我微笑地看着小熊。

小熊转过头对小王说："对不起，我不该嘲笑你。"

没有训斥，没有责骂，只有春风化雨，润物无声。

二

小殷是个胆小内向的男生，适应性差，刚转入我班时天天惦念着再转学回去。这样的孩子，上课答问的情形可想而知。一次，我们学习《斑羚飞渡》，第一个环节是谈谈自己的初读感受。

"我认为……"后面的声音就淹没在他自己的嗫嚅里。

"请提高声音再说一遍。"

"我认为狩猎队欣赏斑羚的死亡表演是不人道的。"

"大声说话，站直做人！再来一次。"

我鼓励，他尝试，其他孩子等待。反复五次。最后，小殷终于大声地说：

"我认为狩猎队欣赏斑羚的死亡表演是不人道的！"

孩子们的掌声，送给终于战胜了自己的小殷。

在为他一个人放慢的课堂节奏里，他从"省略号"到"句号"再到"感叹号"，缓慢而迅速地打赢了一场一个人的战争。

没有游说，没有施压，只有安静关注，无声成长。

三

一次，我帮英语老师监考。小程进教室时，英语听力考试已经结束了，他着急得直哭。他是一个品学兼优的孩子，不会无缘无故地迟到。

我说，别急，你先好好考后面的内容，听力部分我待会到办公室里单独放给你听。

小程如释重负，其他学生也会心微笑。

没有盘问，没有慌乱，只有特别关爱，特别对待。

四

一天，小谢说，老师，您能不能在班上念念我昨天的日记，我写了几个小时。

那是一篇记录班级温暖的文章，写得工工整整，但谈不上流畅优美，因为小谢本是班里学习能力较弱的那类孩子。因为向往作文被当作范文念的荣光，他在家里规规矩矩、恭恭敬敬地写了一下午。这哪里是一篇作文，这是一颗极度自卑又极度自尊的心啊！

面批修改，誊写清楚，指导朗读，登台表演。小谢的日记成为那堂课上最美的插曲。

没有拒绝，没有嘲笑，只有完整接纳，适时帮助。

课堂教学是技术还是艺术，见仁见智，各自有理。课堂上那些特别特别小的事，对于一个一个"我"来说，都是特别特别大的事！把一个一个的"我"放在心上，课堂教学就成了爱和智慧的艺术。

4. 那些美如繁星的瞬间

有一个学期，每节语文课课前的五分钟都是"《繁星》时间"。我们背诵一小节诗，然后用最诗意最简短的语言，即兴聊一聊此刻的感受。

那是简约而不简单的交流，如一颗一颗星星点亮了庸常的生活。

其一

原诗：

玫瑰花的刺，

是攀摘的人的嗔恨，

是她自己的慰乐。

读完诗，我问孩子们："使玫瑰成为玫瑰的，正是它的刺。什么是你的刺？"

"我的刺是我的个性。"

"我的刺是我的特长。"

"我的刺是我的与众不同的追求。"

是啊，玫瑰的刺，不是为了刺伤别人，而是保护自己；我们的刺，不是为了孤立自己，而是使自己尽可能成为自己想成为的那种人。孩子们，希望你们懂得，任何时候都不要舍弃自己宝贵的刺。

其二

原诗：

母亲呵！

撇开你的忧愁，

容我沉酣在你的怀里，

只有你是我灵魂的安顿。

读完，背完，我对孩子们说："冰心曾经在另一篇文章里面问过一个问题，而今天这首小诗，刚好是那个问题最好的回答，这个问题是——"

"母亲啊！你是荷叶，我是红莲，心中的雨点来了，除了你，谁是我在无遮拦天空下的荫蔽？"孩子们齐声背诵，声情并茂。

让文字和文字发生联系，让诗歌和诗歌共同呼吸，这样的瞬间，多么优美。

其三

原诗：

> 万千的天使，
>
> 要起来歌颂小孩子；
>
> 小孩子！
>
> 他细小的身躯里，
>
> 含着伟大的灵魂。

都说孩子是成人之父，冰心对小孩子的盛赞，充分体现了她对这句话的认同。我对孩子们说："你们也是小孩子，那么你们的身躯里，包含着什么伟大的灵魂呢？"

"我觉得我的梦想就是我的灵魂，我喜欢生物，我想要当一个科学家。"这是热爱生物的泽智在表达自己。

"我是画画的，我觉得我的手和眼睛就是我的灵魂。"

"你的意思是，你用眼睛发现美，用手去创造美？"

"嗯。"

认真倾听孩子，就能够听见他们心底的声音。

"我觉得243班就是我的灵魂，我愿意和243班同呼吸共命运。"这是班长在说话。

我说："243班有你这个班长真好！"一个孩子愿意把所在的班级当作自己的灵魂，那是这个班给了他多大的喜和乐啊。

其四

原诗：

> 井栏上，
>
> 听潺潺山下的河流——
>
> 料峭的天风，
>
> 吹着头发；
>
> 天边——地上，
>
> 一回头又添了几颗光明。
>
> 是星儿，
>
> 还是灯儿？

我引导孩子们走进诗意的世界："这里有个量词用得特别美，光明为什么用'颗'来形容呢？"

"因为光明是星星发出来的，很遥远，很朦胧，看上去似乎是一颗一颗的。"哦，这是多么敏锐的直觉。

"作者最后问，是星儿，还是灯儿，作者很迫切地想知道答案吗？"

"不迫切，无所谓。"

"是啊，在灯和星星的相互辉映里，作者感到的只是一种朦胧的愉悦、朦胧的美，这就是诗意的境界啊。"

且让诗歌朦胧地美丽，且让语言和思考在课堂上交相辉映。

我们的"《繁星》时间"，是享受诗意语文的时间。也许一节课、一节诗，对于孩子的影响是微乎其微的，但是，这样的时间多了，诗意也就浓郁了。正像一颗一颗星星，也许光芒微弱，但是繁星满天，也足以"酿造"一个明亮的夜空。

后记

当我们把诗意语言当作课堂的追求，往往会衍生很多美丽。昨天，我和孩子们在生物课上学习《开花和结果》这一章，孩子们在花店买了很多娇艳的花儿来

教室观察。一时间，教室里春意盎然。我选择了一朵百合花来带领孩子们认识花
朵的结构——洁白馨香的百合花在我手里香消玉殒，这多少显得有点残忍，于是，
我一边剥花瓣，一边即兴念诗：

　　　　你是一朵百合花，

　　　　有着修长的花柄和翠绿的萼片。

　　　　你的花瓣如此洁白，

　　　　像少女的纱裙优雅。

　　　　本来，

　　　　你应该摆在婚房的床头，

　　　　或者被执在新娘的手掌间，

　　　　带着百年好合的祝愿，

　　　　静静芬芳。

　　　　而如今，

　　　　你却被一瓣一瓣地肢解，

　　　　凋零在这讲台前。

　　　　百合花，

　　　　让我们为你祈祷，

　　　　但愿你来世化作仙子，

　　　　翩翩起舞在红花绿叶之间 。

　　孩子们乐了，课堂美了，学习的兴趣也浓了。原来，在诗意的课堂里，一朵
百合花的谢幕，也可以如此美丽。

5. 我给课文挑挑刺

文章不厌百回改。

选入教材的课文，因为读者对象的特殊性和价值取向的特殊性，必定是经过作者和编者多次修改而臻于完美的范本。然而，百密也难免一疏，课文的疏漏仍然存在。

人教版七年级《语文》上册第三课《羚羊木雕》里有这样一句话：

"我再也受不了了，推开妈妈的糖盒，冒着雨飞快地跑出门去。"

读着这句话，我不禁疑惑了：一般来说，文章都是讲究铺垫和映衬的，可是这篇文章从开头到此处，始终都没有交代外面在下雨，突然之间出现"冒着雨飞快地跑出门去"的情节，实在有点突兀。

这雨从哪儿来的？

"我们能不能通过修改文章，给这场雨一个恰当的出场？"我问孩子们。

听到可以修改课文，孩子们热情高涨。经过讨论，孩子们提出的一些解决方案，我认为都较为妥帖。

第一种：将"不知什么时候，奶奶站在了门口"变为"不知什么时候，外面突然下起了大雨，我向门外看去，奶奶已经站在了门口"。

理由：这样修改既可以让雨出场，也更容易发现奶奶已经站在了门口。

第二种：在"我没有理由了。我想到他们马上会逼我去向万芳要回羚羊，心里难过极了。他们不知道，万芳是个多么仗义的好朋友"后面加上"窗户上的雨珠慢慢地滑落下来，我抱着腿缩在墙角，眼泪渐渐模糊了我的双眼"。

理由：我难过极了，不敢看爸爸妈妈，可能就会转移视线看着窗外，这样就能看到下雨了。

第三种：把"爸爸走了进来，听妈妈讲完事情的经过，他静静地点燃一支烟"中的"爸爸走了进来"变成"爸爸收起伞走了进来"，暗示已经下雨了。这样修改不动声色，很是巧妙。

第四种：将第四段"'我知道送给你了，可是现在它在哪儿？'妈妈的目光紧紧地盯着我。我发现事情不像我想的那么简单。"改动成"'我知道送给你了，可是现在它在哪儿？'妈妈的目光紧紧地盯着我。我不敢直视她的眼睛，我的眼向窗外望去，外面不知道什么时候已经下起了小雨。我发现事情不像我想的那么简单。"

理由：我因为撒谎了，所以不敢直视妈妈的眼睛，只好看外面，因此能够看到窗外的雨。

第五种：在"屋子里静极了"后面加上"只听得见滴滴答答的雨打在屋子上"。

理由：因为屋子很静，所以才听得见雨声。我那时候是多么无助啊，我听得见雨声，可是谁听得见我的心声？

第六种：在"'不！'我哭着喊了起来。"后面加上"外面突然下起了大雨，似乎天空也在为我难过。"

……

经过我们的修改后，"雨"明明白白地登上了舞台，成为故事的一道布景，后面"冒着雨飞快地跑出门去"才不至于成为"无源之水"。

严谨，是一种求真的态度，适用于科学探究，也适用于文学创作。好的文学作品，总是步步为营，环环相扣。比如冯骥才的《俗世奇人》，后面有"只见人家泥人张听赛没听，左手伸到桌子下边，打鞋底抠下一块泥巴"的情节，前面就有"那天下雨，他一个人坐在天庆馆里饮酒，一边留神四下里吃客们的模样"的交代；前面有"而且是翻模子扣的，成批生产，足有一二百个"的铺垫，后面就有"据说连泥模子也买走了"的照应；这样，前有呼，后有应，前呼后应，严丝合缝，丝丝入扣。读这样的作品，我们不是常在恍然大悟的愉悦中赞叹作者调文字之兵、遣篇章之将的运筹帷幄么？

给课文挑挑刺，挑出的是文字之刺，盛开的是思维之花。

6. 语文课上，我们学习做父母

苏霍姆林斯基说："培养父母，应该从七八岁开始。"面对现在的学生，而能够想到二十年后他们的孩子，我以为，这不仅是一种高瞻远瞩，更是一种勇于担当。丰子恺的《竹影》提供了一个绝佳的契机，让我尝试着对孩子们进行如何做父母的教育。

简单走完一般的教学流程之后，我们进入了"学习做父母"的环节。

我说："推动摇篮的手，也是推动世界的手。家庭教育，是最重要的教育。你们觉得，教育的秘诀是什么？"

"爱……""方法……"孩子们犹豫不决。

"你们说的都对，但我认为教育的秘诀，就是用心。怎样用心做父母呢？《竹影》里面有答案。现在大家小组合作，研读课文，然后用带'心'字的词语回答这个问题，而且要从课文中找到依据哦。"

孩子们开始小组合作学习。我总觉得，今天孩子们的讨论格外热烈，交流的时候格外流畅。

第一组：我们组觉得，做父母要细心。大家看课文。"爸爸似乎很理解他的意思，立刻对着他说道：'谁想出来的？这画法真好玩呢！我也来描几瓣看。'"我们从这里看出爸爸理解孩子，尊重孩子，懂得孩子心里想什么，而且不动声色地安慰了华明，使他不再难为情。

"爸爸细心体贴，还从一个细节描写里展现出来。"我提醒孩子们。

"爸爸也蹲在地上。"孩子们强调了"蹲"字。

"是啊，和孩子说话，请蹲下身子。蹲下身子，和孩子保持同一高度，是真正的尊重孩子，也才能真正地理解孩子。"

我边说边在黑板上板书：**细心——体贴入微，尊重理解。**

第二组：我们组觉得，做父母要有耐心。大家看课文，"爸爸反背着手立在水门汀旁的草地上看我们描竹，他明明是来得很久了。"爸爸来了很久，却不作声，只是在我们的画画好后，才发表自己的看法。

"而且说话的声音是慢慢的，这是因为……"

"说话声音大了，会把我们吓着，因为我们那时候正是全神贯注的。"哦，还是孩子更容易理解孩子的感受。

"这是一个多么体贴入微的父亲啊。回忆一下，你们小时候玩玩具不会玩时，你们爸爸妈妈是怎么做的？"

"直接教我们玩法！"

"干脆把玩具收起来，不要我们玩了。"

"我爸爸喜欢说，儿子，看爸爸的！"呵呵，在孩子面前逞英雄。这大概是不少成人都会做的吧。

我说："是啊，这就是一般父母的做法，缺少耐心，习惯于把现成的方法告诉孩子，还喜欢在孩子面前表现得无所不能。这看似帮助了孩子，实际上剥夺了孩子探索的权利和成长的机会。每一种草都会开花，可是，很多父母缺少的正是这种等待花开的耐心。"

随后，我郑重地板书：**耐心——不动声色，相机引导**。

第三组：我们组觉得，做父母还需要童心。课文中的爸爸说："谁想出来的？这画法真好玩呢！我也来描几瓣看。"爸爸也和孩子们一起画竹影，玩孩子们一样的游戏，可见他很有童心。

"的确如此。只有在这个时候，华明才不再真正害怕爸爸责备。"觉得安全，不害怕，这对孩子的成长多么重要啊。

"悬着的心放下了，艺术的教育就开始了。这就是童心创造的美好境界。童心就是……"我引导孩子们自己总结。

"和孩子们一起游戏。"

"和孩子们融为一体。"

"为了体现语言的对称美，我们都用四个字来说。"我从不忽略对语言形式美的追求。

"融为一体，打成一片。"这个不难。

"这个表述还可以更完美吗？"我发现孩子们的表述有逻辑上的瑕疵。

"打成一片，融为一体。"

我赶紧板书：**童心——打成一片，融为一体。**

第四组：我们组觉得，做父母还需要爱心。他爸爸那么耐心细致地教孩子中国画的常识，是对孩子的爱……

正当第四组的发言代表欲继续交流的时候，第五组的代表说："我们反对，这里用'慧心'更合适，他爸爸懂得那么多中国画的知识，而且在孩子们游戏的时候，用孩子们喜欢的方式教给他们，使孩子们在不知不觉中接受了教育。课文结尾也提到，'我回到堂前，看见中堂挂着的立轴——吴昌硕描的墨竹，似觉更有意味。'"

多么敏锐的孩子们！

"老师同意第五组的看法。爱是教育的基础，但爱不是万能的。你们的爸爸妈妈都很爱你们，可是，他们能不能对你们进行良好的艺术熏陶呢！能不能和你们一起谈艺术呢？"

"基本不能。"孩子们一片呵呵声。

"小刘，你是弹钢琴的，妈妈能和你聊贝多芬，欣赏《月光曲》吗？小方，你是吹笛子的，你吹《扬鞭催马运粮忙》时，你爸爸会赞叹么？小丁，你是学美术的，你这几天办手抄报忙到晚上十点多，你爸爸批评你没有按时休息，他欣赏过你在手抄报创作上的匠心独运吗？"

对这一串的问题，孩子们都做了否定的回答。

"爱孩子，这是母鸡都会做的事情，但是，只有人才懂得教育。你们将来怎么教育你们的孩子呢？我希望你们现在多多接受艺术的熏陶，提高艺术素养，等你们做了父母的时候，能对孩子言传身教，不要像你们爸爸妈妈现在展现给你们的一样，用打麻将、斗地主、上网偷菜、疯狂购物来消磨业余时间。"

我一笔一画地板书：**慧心——言传身教，寓教于乐**。我写得这样慢，是因为我知道，这很难。

"国家的命运，掌握在父母的手中，因为优秀是教出来的。有一句话，老师和大家分享：父母是世界上最难的职业，可是很多人没有经过任何培训就上岗了。当然，你们不能责怪你们的爸爸妈妈，他们的教育方法显得不那么科学，那是因为并没有人告诉他们怎么做父母。我希望你们将来做父母时，会和你们的爸爸妈妈不一样！"拿课文中的父亲来对比现实中的父母，是不公平的。我不希望孩子们因为追求理想的父母而责怪或者看轻自己的父母。

写完这些文字，我想到一个问题：我这样上语文课，是不是有悖常理？是不是离经叛道？是不是标新立异？

但倘若，有一些孩子，竟因此真的慢慢地学到为人父母的智慧，我这堂课，便算圆满。

7. 乌鸦一定能喝到水吗？

八年级上学期教说明文的时候，为了帮助孩子们理解说明文写作所需要的科学求实的精神和准确严谨的语言，我布置了一个家庭作业——回家后做一个"乌鸦喝水"的实验，以你最喜欢的方式写下实验过程。

为了不限制学生的思维，我没有进行具体的实验指导。我觉得七年级生物课上已经做过"鼠妇的生活环境"的实验，这个"乌鸦喝水"的小实验，对于八年级的学生来说，不是小儿科吗？

好笑的是，我布置完这个作业后，一个女孩非常认真也非常困惑地说："老师，别的问题我都弄懂了，就是还有一个问题没有弄明白——我到哪里去抓乌鸦呢？"

"啊？！"等我反应过来，忍俊不禁超过十分钟。

我说："冬天到了，枯藤、老树、昏鸦什么都没有了，没有天时地利，只剩人和了，你们自个儿当乌鸦吧。"

原以为不过是一句玩笑话，没想到我的学生当中还真有许多勇于为科学事业献身的人。从学生的日记来看，这个小儿科实验，可谓状况百出。

其一：关于"乌鸦问题"的种种解决途径。

佳怡全家出动，准备完实验器材，然后让家里的鹦鹉"降格"为乌鸦去喝水，可惜，那鹦鹉爱惜自己的身份，不肯从命；照慈灵机一动，用卫生纸搓成细长条，模拟乌鸦嘴，真难为她想得巧妙；小鹏做实验最有献身精神，亲自上阵充当乌鸦，不过喝完水以后，他猛然醒悟：水里放的石子是野地里捡来的（据说，他当场倒地——当然，这纯属夸张）。

其二：关于瓶子的问题。

有人找的是矿泉水瓶，有人找的是啤酒瓶，还有人找的是沐浴露的瓶子，最萌的是，汪氏兄妹找了一个许愿瓶！他俩经过一番折腾，终于看见水溢出来了，然后一起感慨——这年头，当一只乌鸦也不容易啊！

其三：关于石子的问题。

不知道为什么，孩子们很少考虑石子大小的问题——这其实应该是主要的问题，石子的大小与水面升高有直接关系——都是考虑的石子多少的问题。据他们说，在县城的水泥世界里，要找到合适的石子可不容易，所以，养花的、养鱼的石子都被派上了用场。

其四：关于水的问题。

水本身并不是一个问题，但是被星烁硬生生地变成了一个问题，因为她是用牛奶糖当石子的，所以只好用牛奶当水。因此，她是一只最幸福的"乌鸦"——喝着甜甜的牛奶，心情美得不由自主地唱起歌来。

其五：关于实验过程。

因为这算是很多孩子的第一个真正的家庭实验，所以引起了家庭成员的热情关注。爸爸妈妈上阵帮忙者有之，在弟弟妹妹面前装博学者有之……总而言之，虽然是一个简单得不能再简单的实验，孩子们在看到水溢出瓶口的一刹那，还是欢呼不已。看来，这样的实践作业多多益善。

其六：关于实验精神。

很显然，对于绝大多数孩子来说，这算不上一次成功的实验，可爱有余，严谨不足。但在这个实验过程中，涌现出了三个有实验精神的孩子。第一个是小烁，他在网上找到了实验的过程资料，然后照做，基本上符合对照实验的要求，算得上是一次像模像样的科学探究实验。可惜，实验设计非原创。第二个是小婧，女孩，她想到了丢进去的物品的质地问题，选择了沙子、泥土和石子三种材料，发现泥土会软化，沙子太细小，石子比较适合。第三个是小亮，他说乌鸦喝水是纯粹忽悠人的。他问了一个被我们大家忽视的问题：瓶子里的水从哪里来？要么是降雨时收集的（可如果一个瓶口那么小的瓶子都可以收集到这么多水，那么周围一定是洪水泛滥了，瓶子也就不可能仍然稳稳当当地立着）；要么是旅游的人不讲公德，随手乱扔没有喝完的矿泉水瓶。而且，他根据最新学习的物理学知识，提出告诫：这样随手丢弃的矿泉水瓶类似一个凸透镜，可能会聚光进而引发森林火灾。

其七：关于人道与博爱精神。

通过实验，有一些孩子终于认识到我们平常视乌鸦为不吉祥的鸟是多么有失公允，原来乌鸦的确是世界上最聪明的鸟；也有孩子用生物学上的知识解释说，乌鸦喝水是一种后天的学习行为；还有孩子说，瓶子里不仅有水，而且旁边刚好有石子，而且还是不大不小的石子，看来，这是一只非常幸运的乌鸦……

一个小儿科的"乌鸦喝水"实验衍生出如此种种奇思妙想，虽然孩子们的实验能力有待加强，但是，他们的实验热情是多么蓬勃啊。知识，就是瓶子里的水，只是很多"乌鸦"，省略了自己找水喝的艰辛，也就失去了最终喝到水的乐趣。

"乌鸦"一定能喝到水吗？不一定。

如果摆在他们面前的，始终是一个广口的瓶子甚至是阔口的盘子，他们总是不需要动脑筋就可以喝到水，那么，当有一天，他们必须从细口瓶里获取水时，即使满地都是大小合适的小石子，他们怕也只有望水兴叹而一筹莫展了！

8. 用孙悟空教育"孙悟空们"

经典的魅力何在? 经典是百科全书, 每个人都能在其中读到自己想要的知识; 经典是人间百态, 每个人都能在其中找到自己的位置。

如何带着中学生读经典? 我以为须贴地而行, 也就是须贴着他们的生活经验和心理水平来教。这就需要老师在教经典作品的时候具有儿童视角, 以孩子的眼光去看经典, 然后经典的馨香才能够濡染孩子的身心。

要教《小圣施威降大圣》的时候, 我特别兴奋, 因为孙悟空几乎是所有中国孩子的偶像, 当然也曾经是我的偶像。较之其他课文, 学习《小圣施威降大圣》的时候, 我和这些七年级学生之间便有了更多认知的交集。

我也特别忐忑, 孙悟空是一个陪伴孩子们很多年的经典偶像, 我如何带领孩子们在这一形象上品咂出新意和深意? 对孩子们来说, 孙悟空的形象几乎被贴上了"神通广大、变化无穷、调皮捣蛋甚至无法无天"的标签, 以至于"大闹天宫"在孩子们的字典里是带有明显褒义色彩的词语。姑且不论叛逆的社会意义, 单就孙悟空这一内涵丰富的形象来说, 孩子们显然只理解或者只接受了他本领高强、性格反叛的一面, 而忽视或者遗漏了其他诸多优良品性。在课堂上, 孩子们对孙悟空理解得越全面, 吴承恩寄托在《西游记》里的深意就越可能在后续的阅读中被孩子们领悟到。对一部经典名著来说, 被节选为课文的那一部分, 可能是"一斑", 用得好, 便能够使孩子们产生"窥全豹"的愿望。

我决定用孙悟空教育"孙悟空们"——像孙悟空一样具有反叛精神的青春期的孩子们。

教育的目标越明确越好, 而教育的意图要越隐蔽越好, 所以, 用孙悟空教育"孙悟空们", 我是不动声色的。

我让孩子们说说自己最喜欢《西游记》的原因, 实则是悄悄地把"小说三要素"的知识蕴含其中。当然，孩子们七嘴八舌地把"小说三要素"的知识说出来的时候，是自发的，是感性的，是零散的。这时候，老师的点拨便起到了去粗取精的作用。而当一个学生说出"我喜欢《西游记》，是因为它的语言很幽默，情节很吸引人，比如'三打白骨精'，打了三次才打死白骨精，很有看头"时，我不失时机地发问："孙悟空那么厉害，一棒就打死白骨精不是很好吗？"这一个问题，引发孩子们从"三借芭蕉扇""三顾茅庐""三气周瑜"等经典故事中领会小说一波三折引人入胜的特点。根据课堂上学生的反应，顺水推舟地进行写作知识的教育，整个过程更像对话，而不是传授。

爱听故事是人的天性，更是孩子们痴迷的事情。在课堂上回忆孙悟空向菩提祖师学艺的故事时，我避开腾云驾雾等炫酷的法术，抓住了孙悟空学艺的态度，以"我们喜欢孙悟空，就要学习他……"的方式，引导学生自己发现孙悟空身上"遵守时间""尊敬老师""热爱学习"和"善于学习"的优良品质。

在孩子们的异想天开中，除了希望能够拥有孙悟空七十二变的本领之外，他们大概都特别钦羡孙悟空的火眼金睛吧。我说："看看谁已经练就了一双'火眼金睛'，能在课文中找出最能体现二郎神和孙悟空性格特点的细节。"这一说法，比直接说"孙悟空和二郎神有什么性格特点，你是从哪里看出来的"当然更能激发"孙悟空们"的学习热情。孩子们用"火眼金睛"发现，在文章中，孙悟空始终是孙悟空，但是，二郎神对他的称呼却一直变来变去。何哉？言为心声也。对李天王，二郎神称孙悟空为"猴王"；对众鬼判，二郎神称之为"齐天大圣"；其他时候，或者称其为"泼猴"，或者称其为"猢狲"，甚至直呼"畜生"，尽显粗鲁和敌意，二郎神的形象通过这一言语细节跃然纸上。而这么细致的挖掘，都是"孙悟空们"的"火眼金睛"发现的，不是老师喋喋不休的结果。

"美猴王"最终成了"斗战胜佛"，有人说这是孙悟空的升华，有人说这是孙悟空的堕落，孰对孰错，不是七年级的语文课堂可以解决的问题。但是，如果我们把孙悟空的取经路，看作一个人的成长之路的话，孙悟空从"猴"到"王"

到"圣"再到"佛"的过程，就具有了普遍的意义。"孙悟空们"讨论后发现：这一过程，需要有人引导，比如唐僧之于孙悟空，父母、老师之于自己；这一过程，需要有目标，比如取经之于孙悟空，梦想之于自己；这一过程，需要亲自体验，比如九九八十一难之于唐僧师徒，挫折和磨难之于自己；这一过程，还需要身体始终在路上。敢问路在何方？无论是对孙悟空还是我们每一个人，路，都始终在脚下。循着孙悟空的修行成佛之路，"孙悟空们"一定对成长有了不一般的认识。

而对语文老师来说，每一堂课，又何尝不是一段修行呢？通过《小圣施威降大圣》这一课的修行，我知道，语文教学如果有捷径可走的话，那一定是激发学生学习的热情和生命的热情，让孩子们热烈地向学。工作和学习，乐此，也就不疲。

9. 有一种作文指导叫调侃

不知道为什么，我教初中十多年来，凡是布置写父爱母爱的作文，学生的选材总免不了"三大件"：晚上盖被子，下雨送伞，外加半夜上医院。这些，还是我读初中时同学们写亲情的必备题材，现在竟然仍旧是学生的最爱，不能不引起我的思索。我尝试着用一种特别的方式，使孩子们告别这种陈词滥调。

一日，以"亲情"为话题写作，我让孩子们谈谈自己准备写什么。有人站起来就说："一天晚上，我生病了……"

我意识到教育的契机来了，郑重其事地说："打住！打住！我来猜猜你后面要说什么。你晚上生病了，还发着高烧，你爸爸不在家，你妈妈很着急，背着你往医院跑；而且，那天晚上一定是打不到车的；并且，你妈妈一定还是娇小玲珑的，所以背着你到医院已经是大汗淋漓了。接下来，你打了吊针睡着了，第二天醒来发现你妈妈伏在床边睡着了，说不定还有一缕阳光照耀在她身上，你很伤感地发现她已经有了几缕银丝……"

学生们哈哈大笑，会心，会意。

"这件事情未必不真实，未必不感人，但是，千人一面，千篇一律，再真挚的情感也像手机短信群发一样，转发次数多了感情就被稀释了。再比如下雨天爸爸送伞这个题材。嗯，送伞的一般是爸爸（这样对爸爸妈妈都公平）；伞一般只有一把，而且不会很大，所以一定有人会淋湿；而那个淋湿的人一定是爸爸，因为伞一定是向你这边倾斜的。我就不明白了，明明下着雨，明明是来送伞，为什么就只拿一把呢，这爸爸也太马虎了吧？你们作文里的情景，发生在二十世纪七八十年代经济不发达的时候，一家可能真的只有一把伞。现在，二十一世纪了，你们再安排爸爸如此送伞，已经 out 了！"

学生们继续笑，不过没有那么大声了。

"再比如吧，晚上盖被子这件事。晚上盖被子是每个父母都会做的事情，这很正常。不正常的是，你们总是要闭着眼睛装睡，悄悄地偷看爸爸妈妈为自己盖好被子后才心满意足地睡去。俗话说，前三十年睡不醒，后三十年睡不着。小孩子睡着以后，打雷都不醒，有几个会有雅兴偷看父母为自己盖被子！但是，据我所知，中国的小孩，从小学三年级开始到初中三年级结束，一直都有这个'嗜好'啊！"

学生们这回就笑不出来了，这些文章怎么出来的，他们心知肚明。

"从今往后，我谢绝三类题材的作文——孩子晚上发烧，小个子妈妈打不到车背着孩子上医院的；爸爸送伞只拿一把，故意让自己淋湿以感动孩子的；外加爸爸或者妈妈半夜里起来盖被子、又刚好被假装睡觉的孩子看在眼里记在心里的。知道为什么不能这样写吧？"

"矫情！"

这回，他们应该对这"亲情三大件"敬而远之了吧！我期待，亲情在孩子们的作文里真实而细腻地流淌。

10. 口技和《口技》

学完《口技》，我觉得有必要让学生练习一下"正面描写和侧面描写相结合"的写作手法。正好家琪略通口技，善于模仿猫喵、狗吠和海豚音，于是我和她密谋在课堂上"露两口"。家琪为了全班学生的作文"大业"，毅然决然牺牲淑女形象，答应我在课堂上表演一番。

开始表演了，家琪没有故事情节，不知道从何下口，我只好用语言引导她。

我猛敲一下黑板刷，粉尘飞扬，全场爆笑。

我说："有一只可爱的小猫出去散步。"

家琪拖长声音，"喵——"。叫声甜美，真如受宠的波斯猫吃饱以后满意地抒情。

"来了一只狗。"狗吠声立时响起，极像。

"猫和狗打起架来了！"

家琪反应真快，猫喵狗吠此起彼伏，惟妙惟肖，仿佛可以看见弓起背"咻咻"发怒的猫和目露凶光的狗。

"现——在——，让我们来到奇妙的海底世界。"

海豚音破空而来，极其高亢尖锐，吓我一跳。

……

后来，表演完毕，我问家琪："你这只海豚是饿了还是困了？叫声这么凄厉？"

家琪这才说了句"人话"："我晕了！"

全场笑倒。

后来，学生们兴致勃勃地描写口技表演的过程。第二天，收起来看，竟有十来人是用文言写作。细细批阅，"文理皆有可观者"，我微笑默叹，以为妙绝。

口　技

袁昀茁

班中有善口技者，其名为丁家琪，此乃班中之女豪杰也。于教室之正北处，悠闲立定。无八尺屏障，亦无桌、椅、扇，唯一人一口而已。

未几，有学生作作索索，窃窃私语。先生闻之，便拿"戒尺"击桌一下，满座寂然，无敢哗者。

口技人先仿猫叫，其声尖而锐，忽又温而和，其声之惟妙惟肖，令我等叹为观止。尔后，口技人又仿狗吠，其声之洪亮，似觉其极忠于主人也！全场学生无不侧耳细听，喃喃曰："吾实自叹不如也！"少顷，其又仿海豚声。其声激越，令我等诸公双耳欲聋，生不如死。其所仿之音，虽寥寥几种，但无不令人耳目一新。

此乃奇女子也！

口　技

陈烊文

岳阳县民丁家琪，善口技。语文课上，于教室之正前方演出。口技人登台，台下掌声四起，如雷轰鸣。少顷，但闻台上"抚尺"一下，粉笔灰如狼烟四起，满座大笑，口技人脸亦绯红。

未几，无声。

忽闻猫叫声起，似路遇一犬，声转恶，狗亦狂吠。猫叫声不断，狗叫声不止。猫尖叫而走，狗怒而大吠，亦随猫走。满座宾客莫不大笑，拍桌，两肩战战。口技人亦捂嘴嫣然。

俄而，又闻海豚之声，破空而来，尖利无比。变幻莫测，其声之种种各别，迥乎不同。于是宾客无不捂耳，受惊，瞪眼，呆坐，以为妙绝。口技人缓步下台，脸尤绯红。

凝神视之，无任何器具，仅凭一口。

岂不妙哉！

11. 慎提问

我曾经听过一堂精彩的读书汇报课，关于《绿野仙踪》。

课堂进行到第二个环节时，老师抛出了一个问题：

在这次的团队冒险中，如果必须去掉一个，在多萝西、托托、胆小狮、稻草人和铁皮人中，你认为可以去掉谁？

一石激起千层浪，课堂立刻像炸开了锅，陷入了热烈的讨论和争论中。

我心道：坏了，坏了，这堂课要坏事了！

果然。

老师设计这个问题的本意，是想让孩子们明白：在团队中，每个人都是不可或缺的力量，团结一致才能取得胜利。但是，这个问题却先入为主地在孩子们心里植入这样一个观点：有一个人是拖了团队后腿的，有一个人是必须被去掉的！于是，课堂的风向标忽然转向了，由之前对书中角色的喜爱和肯定，转变成了横挑鼻子竖挑眼。

孩子们读书细致，一些容易被大人忽视的细枝末叶的行为，立刻都成了一条条不可饶恕的"罪状"，比如铁皮人和稻草人，因为没大脑或者没有心，发挥不了很大的作用，都被归入"黑名单"……尽管每一个角色要被去掉的时候都有其他的孩子为之辩护，尽管老师竭尽全力地想把孩子们引导到欣赏角色的优点上来，但是在问题"在这次的团队冒险中，如果必须去掉一个……你认为可以去掉谁"的强大预设下，课堂讨论变成了对书中角色的吹毛求疵、逐个批判。课堂气氛不可谓不热烈，孩子们不可谓不积极，但南辕北辙，课堂走向与老师的初衷、与作者的初衷，已经相去甚远了。

为什么？

我认为，是老师设计问题的时候，背离了小学语文教学最应该遵从的儿童视角，课堂因此与真和善背道而驰。

儿童视角，是真的视角，善的视角，即使是在虚拟的场景中，一旦孩子进入老师创设的情境，他就会以全然真实的状态来言语和行动。我想起另一个案例。

一个著名的特级教师上作文课，要求孩子们在纸上写出五个最爱的人的名字。"拿起你们的笔，划掉一个。划去后等于这个人不存在了。"老师说。划第一个的时候，有学生干脆利落，提笔就划；也有学生，握着笔的手迟迟没有落下；有的开始咬笔杆；有的左顾右盼……越划到后面的时候，课堂的气氛越凝重，到最后，很多孩子失声痛哭。孩子们是不懂得演戏的，也不懂得虚拟和真实的界线，在孩子们的理解里，划去亲人的名字，被划去的亲人也就真的离自己而去了——所以，才会失声痛哭。接下来的习作，孩子们一挥而就，而且，无不感人肺腑。看来，老师的教学目的达到了，但是，是以怎样的途径达到的呢？当孩子们决定一一划去亲人名字的时候，排出先后顺序时，心里给出的理由是什么？无论什么理由，肯定都是在挑剔被划去的人的缺点。

下课前，老师这样说："这是一次关于亲情的测试，每个人都是满分。"而我想给这个课堂提问，打不合格。当孩子们在老师的预设下，一个一个地划去亲人的名字时，那支用来书写锦绣文章的笔瞬间变成了寒光闪闪的刀。多么残忍！

这堂课，真何在？善何在？老师的儿童视角何在？我想，即使这堂课确实达到了教会孩子们"珍爱亲人、珍惜亲情"的目的，但是，却是经由深深地伤害儿童的心灵和情感的途径来达到的。

如果你觉得这是危言耸听，然后不以为然地淡淡一笑，那只能说明，你已经忘记了自己曾经是一个孩子。你忘记了，当你还是一个孩子时，你是如何脆弱和敏感，如何珍视自己的一切拥有，把任何事情都看得如天大如地大。

我们经常说，老师要俯下身子教书。其实，当我们面对孩子，我们要俯下的，不是身子，而是心理，是我们看世界的眼光。

再回到文章开头的问题：如果换一种方式提问，"在这个团队中，谁的贡献最大"，课堂的导向是不是要善良得多？或者，当讨论陷入僵局的时候，老师宕开一笔，把选择权交给孩子，以"让我们去问问多萝西的意见"，把这个问题调转方向，课堂会不会遇见美丽的转机？

著名特级教师杂文作家吴非老师博览群书，步入老年之后，开始大量阅读童书，常常读得泪流满面。他说，儿童永远是正确的，是善的……

想起孩子经常被逼着回答"你喜欢爸爸还是妈妈"或者"你喜欢奶奶还是外婆"这一类左右为难的问题，想起孩子经常被诱惑着在"大的梨子给你还是妹妹"或者"拆开包装第一个糖果给谁吃"此类问题中做出有违本心的选择，我们大约会默认"孩子是被大人教坏"的论断了吧。

所以，向孩子提问，请务必慎重！

所以，向孩子提问，请遵循儿童视角！

12. 拒绝欣赏死亡

沈石溪的动物小说有很多写得很好，但我一直很不喜欢《斑羚飞渡》——狩猎队这么费尽心机地制造了伤心崖上惨烈的一幕，怎么还能如此铁石心肠地欣赏斑羚群的一次又一次的从容赴死？

我以为这是病态的。

也许，有人会要驳斥我说，这是小说啊。

可写给孩子看的小说，不应该是健康温暖的吗？

但《斑羚飞渡》里没有。

课堂上，学生问我："老师，猎人们看见第一对斑羚飞渡以后，为什么不离开，放更多斑羚一条生路？七八十只，近四十对，要飞渡很久很久啊！"

我答不上来。

真的，我不知如何回答。但这个问题，真是一个很沉重的问题，于是，我临时调整学习思路——不再咬文嚼字，而是，拒绝欣赏死亡。

我没有叫学生复述第一对斑羚试跳成功的过程——因为学生倘若想要说好，必得一次又一次去欣赏死亡；我也没有叫学生赏析文句——比这篇文章语言好得多的文章多的是。

我们探究了镰刀头羊的三次叫声。

第一次探究的问题是："如果你是镰刀头羊，你当时会想什么？"这个问题，指向体察心理。

第二次探究的问题是："如果你是目击猎人，你看到了一只怎样的头羊？"这个问题，指向分析形象。

第三次探究的问题是："如果你是镰刀头羊，你主动赴死的理由是什么？"这个问题，指向感悟精神。

我们还探究了三次彩虹的意味，探究了彩虹与飞渡之间的烘托，既是绚丽对悲壮的正面渲染，也是美丽对惨烈的反面映衬。

我这样安排学习流程，是因为我拒绝欣赏死亡。

我这样解读文本，是因为我看到面对斑羚的飞渡，自始至终，猎人只有"能一跳跳过六米宽的山涧的超级斑羚还没有生出来呢"的无聊戏谑，只有"怎么，自杀也要老少结成对子，一对一对去死吗"的浅薄嘲弄，只有"或许有个别滑头的老斑羚会从注定死亡的那拨偷偷溜到新生的那拨去"的自以为是……甚至到最后，也只有震惊，没有震撼；只有目瞪口呆，没有羞愧不已。猎人们，如此无聊！如此冷血！

我选择拒绝欣赏死亡，选择以谴责冷漠来结课。

我让学生齐读："我没想到，在面临种群灭绝的关键时刻，斑羚群竟然能想出牺牲一半挽救另一半的办法来赢得种群的生存机会。我更没想到，老斑羚们会那么从容地走向死亡。"然后，我继续补充，延续课文的不尽之意："我没有想到，斑羚在危难之中表现出从容赴死的巨大勇气。我更没有想到，它们还表现出精确计算的惊人智慧。"接下来，我引导孩子们在课堂上以"我没有想到"说了很多话。

我先说："我没有想到，狩猎队会处心积虑、费尽心机地把斑羚逼到绝境制造伤心崖上的惨烈一幕。我更没有想到，他们还能如此铁石心肠、冷漠冷血地欣赏斑羚的死亡表演。"

"我没有想到老斑羚毅然用死亡为年轻斑羚架起了一座生命的桥。我更没有想到，这座桥上没有拥挤，没有争夺，只有秩序井然，只有从容赴死。"你听，这样的语言，多深情，多温暖。

"我没有想到猎人亲手制造了这一幕一命救一命的惨剧。我更没有想到猎人在惨剧频频上演时竟能无动于衷，毫不作为。"这个发言的孩子，语气充满谴责。

"我没有想到老斑羚能如此从容赴死，我更没有想到，斑羚们死的时候，上帝居然笑了。"他以为，彩虹的出现，是上帝的微笑；而他认定，这是一个黑色幽默。

……

我想起一句话，分享给孩子们："对人类而言，我们在路边采一把花草回去喂牛是道德的，但是我们随意践踏花草是不道德的。我们吃鱼是道德的，但我们把活鱼扔进油锅里是不道德的。对猎人而言，把斑羚逼到伤心崖是道德的，但是——"

我停顿，我知道，这个答案无须等待，孩子们就能够脱口而出——

"冷漠冷血地欣赏斑羚的死亡表演是不道德的！"

我慢慢地在黑板上板书了一句话："对于人性，道德上的真正考验，根本性的考验，在于如何对待那些需要他怜悯的动物。——米兰·昆德拉"

然后，我们下课了。

没有往常的那种欢呼雀跃。

13. 腹有诗书"语"自华

有一天，我用一张综合性很强的试卷测验孩子们的语文能力。

考试过程中，我已经看见孩子们愁眉不展了；考试结束后，更是听见孩子们长吁短叹。刚好离下课还有十多分钟，我说，孩子们，咱们来聊一聊考试的感受吧。

没想到，这一聊，竟不期而遇收获了"误入藕花深处""惊起一滩鸥鹭"的美丽。

何佳或轻轻巧巧地说："我的感受，用李清照的词来说，就是'寻寻觅觅，冷冷清清，凄凄惨惨戚戚'。拿到试卷，我在大脑里寻寻觅觅，希望能够找到答案；可大脑里冷冷清清，什么也没有；于是我的试卷上就凄凄惨惨戚戚，惨不忍睹了。"

孩子们大笑，我大乐。

方师礼说："我的感受，真不好说，正像李煜的'别是一般滋味在心头'。"

这二位才女回答得漂亮，我灵机一动，说："不如我们都用古诗词来描述自己的感受吧。"我本以为此话一出，教室里面只会"竹外桃花三两枝"，可是孩子们的表现却是"千树万树梨花开"。

吴巨擎说："我想到的是柳永的'忍把浮名，换了浅斟低唱'，浮名就是考试取得好的名次，浅斟低唱是代表自己喜欢的事情。"

"你的意思是，你想提前交卷去打篮球？我还以为你要说'黄金榜上，偶失龙头望'呢！"

众生大笑，乐。

王祎萌说："我想到的是刘希夷的'洛阳城东桃李花，飞来飞去落谁家'。这'桃李花'就是正确答案，我东张西望，唉，正确答案在哪里呢？"

"呵呵，你有点小心思啊。"我一向自号为"神补刀"。

孟惜之说："我想起辛弃疾的'郁孤台下清江水，中间多少行人泪'。如果把试卷比喻成郁孤台的话，那清江里面，流淌的都是我们的伤心泪啊。"

"够悲催！"

但教室里，没有一个人，有那么一丁点儿悲伤。乐观是可以相互传染的，何况是这么小的孩子。你千万别以为他们真的会为了一张试卷多几分或者少几分肝肠寸断——相信我，不会的。

李科锋说："我想到的也是辛弃疾的，'将军百战身名裂'。考过那么多次，这一次，怕是凶多吉少啊！"

"呵呵，你这就是马失前蹄，遭遇滑铁卢了。"我做扼腕叹息状，深表同情。

廖孝安说："这试卷，使我想起苏轼的'横看成岭侧成峰，远近高低各不同'，真是纠结！"

"呵呵，你说的是做选择题吧，左右为难，似乎选哪一个都有道理？"

教室里一片点头，如小鸡啄米。看来，这试卷，真是考到孩子们了。

张云淇说："我最想说的是柳永的'此去经年，应是良辰好景虚设。便纵有千种风情，更与何人说？'考试中间的种种曲折的心情，跟谁去说呢。"

"是啊，其他同学比你也好不了多少，'同是天涯沦落人'啊！"

黄忆赫说："要我说呀，心情就是李清照的'此情无计可消除，才下眉头，却上心头'！"

"哦？看来，今天晚上，有一个人要失眠了哦！"

孙维熙站起来，一鸣惊人："我想起岳飞的'靖康耻，犹未雪。臣子恨，何时灭'。'靖康耻'是指上次期中考试。我们还没有从失败中回过神来，今天又遭遇这场难题，这恨，是说的'书到用时方恨少'呀！"

"人才啊！尤其是恨，解释得很贴切。"

罗朝午清清嗓子，不紧不慢地说："'昔我往矣，杨柳依依。今我来思，雨雪霏霏。'以前考试的时候，题目那么容易，就像杨柳依依那样美妙，而今天，题目这么难，就像雨雪霏霏这样悲催。"

大家表示赞同。

舒有容很干脆，站起来脱口而出："这次第，怎一个愁字了得！"

大家呵呵呵地乐了好一阵。

何屹倒是意志坚定，娓娓道来："'衣带渐宽终不悔，为伊消得人憔悴。'为了考试，我们变得如此憔悴，但是也不后悔。"

"好学生！"我点赞。

谭轩很急，一直举手，站起来脱口而出的是《黍离》里面的句子："知我者谓我心忧，不知我者谓我何求！"

想想，还真是贴切。

杨子谦慢慢吞吞的，但是语出惊人："'点点行行，总是凄凉意'呀！"

钱致宇的回答别具一番滋味，他说："欲寄彩笺兼尺素，山长水阔知何处……"

还没有等他说完，我和孩子们集体反应过来，盯着他说："你，难道想传——纸——条？"

他有点小窘，这下怕是跳进黄河也洗不清了啊。

这次偏难的考试，的确是千种风情万般姿态，怪不得周宸希用毛泽东的"江山如此多娇，引无数英雄竞折腰"来形容了。

看看时间差不多了，我说，挑一个人，最后来做总结。

仿佛是某种心电感应，我挑了张晨，而张晨挑了苏轼《定风波》中的句子——谁怕？一蓑烟雨任平生。

多么大气！

这就是 134 班孩子们的格局和胸怀！

然后，我在黑板上写下几个大字——诗言志。

我说："诗言志，是我国古代文论家对诗的本质特征的认识。志，并不完全是志向的意思，而是指内心的思想、志愿、感情等，通俗一点说，就是心情。正因为诗歌是用来表达心情的，所以，这些诗歌穿越千年，来到我们面前时仍然生机勃勃，仍然能够被今天的我们用来形容此刻的感受。而今天我们在课堂上也证明了：千百年来，人类最美好的感情，都是相通的。"

诗缘情而绮靡，课缘诗而生动。这考试之后的小半节说话课，多么叫人欢喜！所以，你说，考试，哪里又是什么洪水猛兽呢？

温柔敦厚，《诗》教也；如此多娇，考试也；谈笑风生，134 班师生也！

14. 哪一只鹅更幸福

　　一个人对动物的态度，是衡量人性善恶的尺度。

　　进入人教版四年级《语文》上册第四单元之初，我在黑板上大大地写下"情怀"两个字。我决意，这个"动物"单元，不仅教知识，也教情怀。

　　学习丰子恺的《白鹅》时，结课部分，我问："这只白鹅如此高傲，丰子恺到底喜不喜欢它呢？"

　　答案当然是喜欢。

　　"为什么？"

　　孩子们接下来的答案，就很耐人寻味了。

　　一个孩子说，因为白鹅长大了可以炖汤喝。

　　我摇头叹息。

　　当今不少人自诩为"吃货"，并且以"吃货"作为一种荣誉称号，光明正大、堂而皇之地吃一切可吃的东西。如果大多数人都把被爱因斯坦斥为"猪栏理想"的理想，当作自己的终极理想，那么，这个世界岂不变成了一个巨大的蛋糕或者一只硕大的烤鹅，而熙熙攘攘的人，全成了脑满肠肥之辈？

　　一个孩子说，因为白鹅可以看家，像狗一样。

　　我亦摇头叹息。

　　实用主义既然是这个世界的通行法则，那么，小孩子当然也难逃其侵蚀。

　　一个孩子说，因为白鹅可以陪伴他，让他不寂寞。

　　这个答案，貌似有情怀，但是实际上，仍然是陷在实用主义的圈子里，何曾有半点立场是从白鹅的喜乐出发？

　　丰子恺和白鹅，到底是谁陪伴了谁，还真不好说。透过《白鹅》那妙趣横生的文字，我仿佛看见丰子恺穿一长衫，端一食盆，认认真真、全心全意地侍候这鹅老爷的情景。他的脸上，怕是一脸的陶醉和慈爱吧，就像画小猫阿咪那样，也像画"阿宝两只脚，凳子四只脚"时那样。

老师教《白鹅》，孩子们学《白鹅》，如果只是得着几句俏皮话，留下关于那只鹅高傲的印象，不能够体会丰子恺对鹅的包容和喜爱，不能够体会丰子恺对动物的尊重和体恤的话，这样的学习，就是浅尝辄止的，就是残缺不全的。

缺失了的，是情怀。

但我没有着急，我另有打算。

第二天，学习俄国作家叶·诺索夫的《白公鹅》。

这也是一只架子十足、派头很大的白鹅，和丰子恺家的白鹅，实在是不分伯仲。因为这是一篇自读课文，我抛开常规教法，将这篇课文和丰子恺的《白鹅》整合起来教。我的整合方法是——为两只鹅开一场辩论会。

辩论的话题有四个：

哪一只鹅派头更足？

哪一只鹅步调更从容？

哪一只鹅更不惧人？

哪一只鹅更幸福？

因为辩论必须有理有据，所以，孩子们在不知不觉中，就深入文本、潜入词句了。当然，我的重点，在第四个话题。

为了两只鹅的幸福，孩子们唇枪舌剑，针锋相对。

有人说，我认为白鹅更幸福，因为白公鹅的结局可能很惨，《白公鹅》的结尾是这样说的："它要是知道了连它自己也属于村里的少年斯焦普卡——他愿意的话，就可以把它抓起来，交给母亲，用它和鲜白菜一起熬汤喝——那可就要大吃一惊了。"

我说，任何注定要成为盘中餐的动物，不管它生前如何饱食终日悠游自在，都不能说是幸福的。

有人马上反驳说，我觉得白公鹅更幸福，因为丰子恺家的白鹅，生活在他家院子里，再舒服也只不过是一个院子那么大的空间，而白公鹅，有一条河，有一个辽阔的空间。

我说，生命诚可贵，美食价更高。若为自由故，两者皆可抛。

有人说，白鹅更幸福，因为白鹅吃饭还有人侍候，而且不担心吃不饱。

有人立刻反驳说，我觉得自由觅食是一件更快乐的事情，有时候可能找得到食物，有时候可能找不到，觅食的过程就像一次冒险，充满了无限的乐趣。如果每一天都是按时进食，有什么意思呢。

我说，觅食就是冒险，多么好啊！不用奋斗就衣食无忧的生活，不过是虚度一段光阴而已。

还有人说，白公鹅有可能被别人抓住，而白鹅比较安全——这应该是比较胆小的孩子吧，才如此敏锐地感知到安全的威胁。

但是大多数人都认为白公鹅更幸福，理由很多：比如白公鹅可以和小伙伴们一起去自由地嬉戏玩耍，甚至打上一架；比如白公鹅有更多伙伴一起玩，不像白鹅那样孤独；比如白公鹅可以呼吸更多的新鲜空气，身体也许更健康；比如白公鹅在广大的世界中可以得到锻炼，而白鹅可能会过于肥胖……

是的，如果我是一只鹅，我也愿意在碧波荡漾的小河里，"白毛浮绿水，红掌拨清波"。没有水，没有其他的鹅，一只关在家里的鹅，能够幸福到哪里去！

孩子们的心地单纯，但是，思考真不简单。

当讨论要结束的时候，李雅清站起来，用她清脆甜美的声音，从从容容地说："我觉得白鹅更幸福！"

我闻言愣了一下，以为她的呆萌劲又犯了。

可是她说："我觉得白鹅更幸福，是因为有人舍得为它花时间！"

我说，孩子们，有人舍得为你花时间，这是关于幸福的，多么美丽而充分的理由！就像丰子恺为白鹅，就像小王子为玫瑰花，就像世间的妈妈们为孩子……

于是，我补充了丰子恺的故事：

抗日战争之前，有一次，丰子恺先生从石门湾携带一只鸡，要到杭州云栖放生。但是他对鸡也起了恻隐之心，不忍心像常人一般在鸡脚的部位捆缚起来把鸡倒提着，于是撩起自己的长袍把鸡放在里面，外面用手兜着。由石门湾乘船经崇德，到长安镇转乘火车。因为他用手兜着的布长袍里面鼓起了一团东西，这个怪模样看上去很可疑，在长安镇火车站引起了一个便衣侦探的怀疑，便衣侦探便一直追踪着，同车到达杭州，一出站门便把他捉住。恰巧站外早有人迎候丰子恺，于是彼此说明原委，侦探才知跟错了人。丰子恺捧着要放生的母鸡，引得在场众人大笑不已。

我想，这就是儒家的仁，这就是西哲的博爱，这就佛家的众生平等——这，就是我所想教的情怀。

我知道，所谓情怀，其实一直就在孩子们心里。我们所要做的，不是教，而是激发；不是输入，而是导出。

15. 语文，是一种生活方式

我虔诚而自信地坚持"我即语文"的观点，我希望并且努力营造"和学生见面的第一刻——每一刻都是语文"的氛围。

第一次走进 152 班的教室，我在黑板上写了一个"变"字。

我说："我不认识你们，但你们都在考试的时候看到过我。变，是经常的。比如天气，昨天还艳阳高照，今天就春寒料峭；比如我，去年还是那个严肃的监考老师，今年就变成了你们的语文老师。有人喜欢变化，也有人不喜欢，但是，只要我们用心对待身边的人和事，那么，每一个日子，都将成为我们心里亲切的怀恋。"

我在黑板上，又写了一个"恋"字。

然后，我写了我的名字"卢望军"。看着孩子们的疑惑表情，我说："我知道你们的疑惑，你们一定在想，卢老师这个名字好像男人的名字啊。其实，这个名字不是好像男人的名字，它根本就是一个男人的名字。但当然，我是一个女人，如假包换。现在，进行我们见面以后的第一个语文活动。请同学们拿卢老师的名字做话题，用上一组关联词和'男人''女人'这两个词语，来描述我的特点。要把话尽可能说得优美动听，有语文味。说得好的同学，可以获得巧克力奖励哦。比如，你可以说，卢老师虽然是一个女人，但是有一个男人的名字。"我晃了晃我手里的盒子，很多巧克力在里面沙沙地响。

巧克力的诱惑是巨大的，孩子们纷纷发言。

有孩子说："卢老师虽然有一个男人的名字，但是却有一颗女人的心。"

我说："我很喜欢'女人的心'这个说法。如果你能够在后面再加上两个词语，比如细腻、温柔，你就能够把话说得更具体。"

有孩子说："卢老师虽然名字很像男人，但是有女人美丽的外表。"

我说："谢谢你，我知道我不漂亮，但是，在喜欢我的人眼里，我是美丽的。谢谢你的喜欢！"

第二个环节，是我猜孩子们的名字。开学之前，我从班主任老师那里拿到名单，进行了充分的"预习"。

我说："愿意让卢老师猜你名字的同学请举手，并且要说出自己的姓。我有可能猜得出来，也有可能猜不出来。猜出来的，我给你一块巧克力，作为见面礼；猜不出来的，也给你一块巧克力，表示抱歉。"

我才说完，有一个个子高高的女孩子撇撇嘴说："那好容易啦，有些姓只有一个人！"

我说："孩子，要记住一群陌生人的名字，可不简单哦。你姓什么？"

她说她姓姜。

我说："你姓姜，而且是女孩子，你肯定是姜岚。岚是山间的雾气，是一个很美丽的名字。"

看到我这么准确地说出她的名字，她很惊讶，也很高兴。是啊，谁不愿意被人认识并记住呢。记住一个人的名字，是对一个人最初也最美的尊重。

有个孩子姓"涂"，我说："那肯定是涂铮。你这个名字很有寓意，涂是水，铮是铁，刚柔并济，是一种理想的人格啊。"

有一个女孩，一看，就知道非同一般。她的眸子清澈，盈盈流转着一种我最喜欢的东西——灵气。

她说："我姓梁。"

我说："那你一定是梁梦好。好和婕是一个意思，婕好是汉代的一种女官名。有一个很著名的人，叫班婕好。"

她说："我姐姐叫梁梦婕。历史上还有一个 × 婕好。"（抱歉，她声音小，我没有听清楚。）

我说："从你的名字来看，你的父母很有水平，应该是文化人、高级知识分子。"

她点点头，很自信地说："我爸爸是电视台的，中文系的高才生。"我想起东烨小时候崇拜我的样子，忽然觉得，做一个让孩子自豪的父母，乃是人生最大的成就。

后来，我又猜出了陆子涛、陶蓓希、罗佳、王子郁、白凯羽等很多孩子的名字，也送出了很多巧克力。下课后，有一个孩子挤到我面前说："老师，我姓欧阳，你猜我的名字！"

我说："绝对是欧阳卓午。卓午，是正午的意思。你的名字，被一个大诗人写进了一首诗里。你今天晚上回去查一查，背下来，明天到我这里领巧克力。"第二天，他来背李白的《戏赠杜甫》："饭颗山头逢杜甫，顶戴笠子日卓午。借问别来太瘦生，总为从前作诗苦。"他背得很自豪。是啊，一个小朋友，和李白杜甫产生了联系，怎不觉得光彩熠熠！

关于巧克力，我在课堂上说："你有两种选择：第一，吃掉，因为巧克力本来就是吃的；第二，吃掉，然后明天回赠我一块巧克力，我会把这些巧克力收在我的抽屉里，随时作为意外的惊喜奖励给你们。这样的回赠，包含着这样一种意味，来而不往非礼也。这也正是《诗经·卫风·木瓜》所表达的意思。"

课后，我布置了两个作业：其一，抄写并背诵《诗经·卫风·木瓜》；其二，了解二十四节气之惊蛰。

开学第一天，3月5日，正是惊蛰。在我看来，自然的风霜雨雪，时令节候，都是活的语文。

有一个女孩，下课后在我耳边说："老师，虽然你没有猜出我的名字，但我明天还是会带巧克力给你！"

多么温暖的一句话！多么单纯的一份情谊！人与人之间的交往，莫过于这样：你在渴望，我在回应；我在付出，你在懂得。

第二天，孩子们在课堂上齐声背诵《诗经·卫风·木瓜》，书声琅琅，顿挫抑扬。我的耳朵和心里，都有一种毛茸茸的感动在蠢动，撩拨着我，使我想加入孩子们的背诵，使我想快一点走进每一个孩子心里。

语文，是这样一种神奇的东西，能让每一个寻常的日子活色生香！

辑五 ● 长成一棵树 ⋰⋱

1. 带着一群蚂蚁去参赛

如果我们常常回到原点，就会明白：我们之所以是今天这个样子，一定是因为我们曾经做过什么。

作为一个语文老师，我所认为的教学生涯真正开始的原点，不在第一次走上讲台的那一天，而是在湘西吉首获得湖南省第四届生物实验创新大赛一等奖第一名的那一天。

是的，我是一个语文老师，可是人生中第一次参加大型教学比赛，却是生物科目——一个人教两个甚至三个学科，在农村中学是常见的事。那时候农村中学没有所谓"专任教师"，除了语、数、外三科主科之外，其他都是副科，作为"搭头"，随便搭给愿意接受的老师。

生物，便是我的副科。

2004年9月初，我接到县教研室的通知，要我代表岳阳县去参加岳阳市的生物实验创新大赛。我当时并不知道这是在为省赛选拔选手，就像我并不知道我选择的动物行为实验"蚂蚁的通信"是生物教材里面最难的一个实验一样。我选这个实验，可以证明一句话——无知者无畏。比赛结束，首席评委在点评的时候说，他在全国各地听了很多实验课，从来没有听到动物行为的课，而卢望军老师不仅选了这个课，并且很成功地完成了实验……我听完这些话，才知道了什么叫"后怕"。若我是生物科班出身的专任教师，我也许就知难而退绕道而行了——当然，也就没有这喜出望外的获奖和以后种种不期而遇的机缘了。

我于9月初接受参赛任务，到11月底比赛结束，历时三个月。我到现在都不知道为什么这堂课竟然准备了这么久。我只知道，这三个月我前前后后试教了很多次，每一次都是推倒重来，重新设计。这种反反复复的折腾，或者说折磨，对我现在的影响就是，哪怕是一堂随堂课，我也会反复论证，精益求精。

　　我还知道一件事，接受任务的时候，我还是"孤身一人"，等我结束比赛的时候，宝宝已经在我肚子里待了两个多月了。

　　那三个月，我一边养胎，一边养蚂蚁，心无旁骛，小日子竟也是闲云野鹤、云淡风轻，丝毫没有大赛在即的如履薄冰、战战兢兢。

　　为了深入了解蚂蚁的生活习性，我一有空就蹲在蚂蚁窝边观察蚂蚁，活脱脱一个中国的"法布尔"；为了和蚂蚁培养出深厚的感情，我决定饲养蚂蚁，在朝夕相处中了解它们的习性。那时候，全家齐上阵，帮我捉蚂蚁，我因此得以养了好几群品种不同的蚂蚁。有一回，公公在野外找到一群大蚂蚁，连窝端了回来，我如获至宝。那么壮硕的蚂蚁，那么粗壮的触角，真是进行实验的好材料。

　　养蚂蚁是一件轻松的事。它们不吵不闹，所求甚少，一个化学实验所用的水槽，一点点沙土，一点点饼干渣，就足以构成它们幸福生活的全部了。如果不是我为了实验，偶尔用大蒜和风油精之类气味浓烈的东西在它们行进的路上作梗的话，它们在水槽里面的生活可真是衣食无忧、幸福美满了。

　　动物行为的实验，的确很难做。我在学校里面上课，实验现象一般都不明显。但是，这些小蚂蚁们通人性，懂得知恩图报，关键的两次实验，它们非常给力。

　　第一次，在市里参赛，实验现象清晰明显。我的蚂蚁成功地俘获了评委的心，使他们决定派我和我的蚂蚁出征省赛。

　　第二次，在省里参赛，在报告厅几千人的屏息凝视之下，这些小蚂蚁像被施了魔法一样，完全听任我的指挥：在我没有用风油精干扰它们的通信之前，小蚂蚁忙忙碌碌地搬运饼干渣；当我用风油精在它们爬行的路上划了一道线之后，似乎瞬间通途变天堑，小蚂蚁们乱作一团，不知该往哪里爬去。

　　我一直以为，这是我两个多月饲养蚂蚁的辛勤感天动地，所以，这些小小的蚂蚁才无惧在几千人面前抛头露面，无惧省级比赛的高手如云，无惧评委们专业而挑剔的眼光，从从容容地展示了自己最真实的生活状态。

课毕，会场响起一片热烈的掌声。我提醒孩子们，把这些小蚂蚁放到花坛里、草丛里，让我们岳阳的蚂蚁在美丽的湘西安家落户。我和孩子们亲自护送这些蚂蚁找到新家。我目送它们陆陆续续隐入草丛，心里默默祝福：希望你们不至于水土不服……

时隔12年后，我又去湘西参加讲座，经过我参赛的学校，经过我放生蚂蚁的街道，心里升腾起一股毛茸茸的熟悉和暖意。是那些我放生的岳阳蚂蚁的后代在轻轻向故人致意吗？

这一次竞赛成功的经历，极大地鼓励了我：农村中学的老师，一样可以大有所为，正像贫瘠土地上的狗尾巴草，其实也有风中摇曳的美丽。从那时候起，一颗不甘平庸的种子，落在了我的心田。虽然这颗种子多年之后，才真正萌发，但是，我心里，毕竟是有了一颗种子、有了一个向上生长的梦。

这一次竞赛成功的经历，也极大地鼓励了我所在的学校岳阳县杨林中学：作为一个农村中学，我们创造了许多奇迹，连续三届捧回岳阳市金鹗杯的金奖，这在全市范围里都是绝无仅有的；率先在全县范围里进行课堂模式改革，成为全县乃至全市的课改样板学校……

我常常思考泰戈尔的这一句话：上帝用无数个世纪来完成一朵小小的花。如此，所有的偶然，就都是必然了。

东烨小时候对蚂蚁情有独钟，常常蹲着看。我的同事逗他："东烨，你可不要踩死蚂蚁呀，你妈妈就是靠几只小蚂蚁发家的呢！"

是的，我终身感念那些小小的蚂蚁，感念那一次误打误撞参赛的经历和一直陪伴在我身边鼓励我的亲人、同事们——于我，是一个多么美丽的原点啊！

2. 寄居在理想的城堡

我的理想是什么呢？

这真是一个复杂的问题。

能够记得的第一个理想，是当一个像阿里巴巴那样的人。那时候，大约是三四年级，生活在农村的我居然有机会看到了《一千零一夜》那样神奇的书。晚上一闭眼，眼前就是闪闪发光的金银财宝、绫罗绸缎，我在这金银财宝里面游走，一时间竟不知道先拿哪一件好。长大了，知道有这样一种人，专门寻找宝藏：如果是为了国家，便叫考古学家；如果是为了自己牟取暴利，便叫盗墓贼。

我当然没有成为考古学家，更没有铤而走险去盗墓，但是，这个小时候的梦想，滋养了我对历史的喜爱。从有这个梦想开始，我便喜欢搜集和摘抄我能够找到的历史资料，我相信，在我很小的时候，我的目光就已经越过了那个闭塞落后的小山村，到了很远的地方。我痴痴地循着历史的足迹，想要看到曾经存在于我们这个星球上的一切，是怎样活泼泼华丽丽地上演，然后又"无可奈何花落去"。每到一座城市，如果可能，我必定去看这个城市的博物馆。从那一件件稀世珍宝上，我看到了我童年的理想，更看到了苍茫的时间和邈远的空间。

上初中的时候，我偶然看到一条信息：至今为止，历史上还没有一位女哲学家。我想，我为什么不去做这个开历史先河的第一人呢。其实，那时候，我并不知道所谓的哲学家是什么，只是抱着一种"初生牛犊不怕虎"的轻狂，"欲与天公试比高"而已。

今天，平凡的我证明了我再次与那宏大的理想擦肩而过。不过，"哲学家"像一朵羞涩的花，一直开在我心田偏远的角落，虽然很少得到我的目光的眷顾，但是，它用淡淡暗香，时不时提醒我：在油盐酱醋茶的琐碎人生之外，我们还应该有另外一种诗意人生；在追寻物质生活的富足之外，我们还要努力耕耘自己心灵的原野，使之芳草萋萋、繁花似锦。夜深人静的时候，孤独彷徨的时候，春风得意的时候，都是我追问自己的时候：我是谁？我从哪里来？我到哪里去？

如果说，我现在能够算得上是一个好老师的话，那是因为，当老师，的确是我的理想。站在讲台上传道受业的时候，我是身心合一的，是得偿所愿的。那是初三毕业之前的一两个月吧，黄昏的静谧中，我独自倚在教学楼外的栏杆上无所事事。夕阳余晖中的校园，一切都笼罩在一种淡淡的黄色光芒中，像一张发黄的老照片，使我产生一种迷离，竟不知今夕是何夕。这时候，我的老师，在操场上温柔地唤着她的孩子回家吃饭，她们手拉手走回家去的身影，是这张老照片中的脉脉温情……如此寻常，又如此美好，使我，特别想要置身于这样一种环境，过这样一种安静的生活。

现在想来，我是被这样一种静谧诱惑了。在我还不知道教书育人滋味如何时，我已经认定，这就是我此生的选择。我和"教师"这个理想，真可以称得上是一见钟情而矢志不渝了。在后来的岁月里，有过多少彷徨、倦怠、失望，甚至抱怨，但是，我从来没有否定过当初的选择。我想，天地虽大，世界虽繁，有一间小小的教室，一方小小的讲台，身心便有了着落和去处……

师范毕业的时候，"留言"满天飞，每个人都在留言纸上写下对别人的祝福，其实，更是试图把自己希望的样子，留在别人的心上。在"我的理想"一栏，我一律写上"博览群书，走遍世界"八个字。读万卷书，与时间同在；行万里路，与空间同在。不管外面多么喧闹，不管心里多么汹涌，当我拿起一本书，翻开，心里便只剩下一片宁静，所有的纷争都褪去，所有的得失都遗忘，世界如此静好，仿佛亘古以来，就是这般模样……而"行万里路"，去寻李白的庐山瀑布，寻杜甫的巍巍泰山，寻"衔远山，吞长江，浩浩汤汤，横无际涯"的洞庭湖，一路风光旖旎，精彩无限……

现在，我35岁了，家庭幸福，事业稳定，正是人生中最美好的年华。理想，这个词语，或者这个事物，已经逐渐褪去了她的梦幻和瑰丽，从童话中翩翩起舞的公主，变成了河边洗衣浣纱的村姑。那些寻宝的梦，那些追寻生命的终极意义的努力，那些在无限的时间和空间里穿梭的恣肆，都渐渐地衰微了，那些云端跳舞的日子，渐渐地被脚踏实地代替。如果说，我现在仍然有什么理想的话，那就是做一个好人，做一个好老师，用自己的那一点点光，给这个世界增添一点点的热……回想我那一串串的理想，虽然没有逐一地实现，但是，我并不遗憾，亦不羞愧。我感谢它们，曾经绚烂了我的心灵，并最终变成我身心的一部分，一点点地塑造并完成了现在的我。

"寄蜉蝣于天地，渺沧海之一粟"，在历史的苍茫里，人能够拥有的时间何其少，像蜉蝣一样朝生暮死；在宇宙的浩瀚里，人能够占有的空间何其小，像粟米一样近于无形。可是，因为有追问，有追求，有对自己来无影去无踪的不甘，我从认识自己开始，就在为自己建造一座坚固的城堡。每一个或大或小的理想，都是这座城堡或大或小的一块砖、一片瓦。这座城堡，未完成，也永不能完成，但这丝毫不影响它成为我心灵的栖居地。

我愿寄居在我的理想的城堡里，来对抗人生路上一切的风雨！

3. 我的老师

我是一个语文老师，我被无数正在教着的学生在我当面批阅的情况下描写过，也许也被一些已经教过的学生在我不知情的情况下描写过。有点滑稽的是，虽然当面写我的那些文字，充满了赞美和感激，但是，我更想知道但却永远不可能知道的是，我会以怎样的姿态活在那些我不知情的文字里。

我知道，那些当面的赞美会很快湮没在彼此的光阴里，而那些日后回想起来情不自禁地流泻在笔端的文字，才是真正深沉的念想。但今天，当我再次读到魏巍的《我的老师》，我不可遏制地想写下一点什么，为我的老师们。

读小学三、四年级的时候，我的语文老师兼班主任是一个代课老师，姓方。她教我们唱《跑马溜溜的山上》，唱《风雨兼程》，唱《故园之恋》，唱《小小的我》，也教我们唱《奉献》。《奉献》有句歌词是"玫瑰奉献给爱情"，我独自想了很久，想不明白老师为什么要教我们唱这首歌，你看，"爱情"是多么让人难为情的字眼啊！

方老师还带我们到学校后面的小山上写作文，那是我平生唯一一次室外语文课。在那样晴朗的天气里，在青草的香味中，我们席地坐在半山腰的泥土上，看云在头顶跑，任风在脸上摸，在那样的气氛里，寻常的景物都奇异起来。现在闭了眼，我仿佛能看见我自己依偎在老师身边的情景。从教15年，我竟从未带孩子们上过一节室外语文课，我的创新意识，比我的老师差得远了！

秋天的时候，我们还常常帮老师家收割稻谷。我是做事惯了的孩子，做事又快又好，又不偷懒。做完事，老师留我们在她家里吃饭。我吃到后面，在碗底发现了一个荷包蛋，才明白为什么老师要执意亲自给我盛饭。

四年级的时候，我们一群女生在一个"头头"的带领下，孤立一个女孩子，并且不断地讲这个女孩子的坏话。我们眉飞色舞地讲这个女孩子喜欢某某男生之类的话，讲得煞有介事。那个女孩子的爸爸妈妈找到学校来，我们一干人当然就遭殃了。方老师叫我们跪在教室前面的黑板下，一边说"我再也不背后说别人的坏话了"，一边打自己的嘴巴。我扎扎实实地哭了一节课，也扎扎实实地打了一节课，心里发下毒誓：不在背后说人坏话。我家的书房里，挂着"静坐常思己过，闲谈莫论人非"的条幅，我不高尚，但真的极少背后讲人坏话。为此，我终身感谢我的方老师。

当然，方老师也惩罚过我的。放插秧假的时候，我忙着帮父母插秧没有完成作业，复课后方老师罚我中午不回去吃饭，跪在太阳下补作业。地，是泥土地，还有很多粗粝的石子，硌得膝盖坑坑洼洼的，疼得很——当时也好，现在也好，我竟没有丝毫怨恨。

有人说，我们这群出生在二十世纪八十年代初的人是幸运的，那时候，正是改革开放解放思想的时候，那些年轻老师，多半有一点文艺气质。现在品咂这句话，深以为然。读六年级的时候，我的班主任兼语文老师是一个高中毕业生，复读了两年仍然没有考取大学，于是来村小代课。他大约属于文艺青年一类的，喜欢写东西，笔名叫"流浪者"——有一个写东西还取笔名的老师，这在二十世纪九十年代初期闭塞的农村小学，是很稀奇的一件事。

老师也姓卢，论起辈分，他要叫我姑姑。但是，他对我这个姑姑委实不客气。一天中午，他把我们一帮没有背完书还吵翻天的人留下来不许回去吃午饭。"悲愤出诗人"，我那天竟然无师自通地写了一首可以叫作"诗"的东西——其实，不过是把几句话拆分成长长短短的几行罢了。我的同学觉得惊异，一起闹哄哄地把这东西呈给了卢老师。下午，老师把我的本子还回来了，而且用红笔写了很多字来解释这件事，特别是，他也写了一首诗送给我——现在，我知道了这叫"酬和"。

我于是疯狂地爱上了写诗，并且颇为风雅地把我所有写过的东西都收录在一个本子上。这些本子虽然早就消失不见，但是这个习惯一直保持到我用笔记本电脑写作之前——我家的书柜里，还有我十几岁时的"手稿"。如果真要追溯因果，我今天的热爱写作，正是发源于那天中午的我兴之所至的"歪诗"和老师郑重其事的"酬和"。

我和我的老师过年时节仍然能够见面，但是，我竟从来没有跟我的老师说出过我的感激，而且，我怕是永远都不会说了。经过这么些年，我已经成年，也当了多年的老师，我安然地享受过许多学生的感激之词，却对我的老师，说不出半句感激的话。有些感激，太深沉，说不出来。我于是能够理解所有那些与我分别之后杳无音信的学生们。

初中的时候，关心我的老师真是太多太多了，几乎每一个老师，对我都有如亲人般的关切。我当了很多年老师之后，才忽然明白了其中一位老师特别的宽厚和仁慈。

那是周老师，一个真正敬业的老师。教我们的时候，她还不到四十岁，鬓发已经花白了。每回下课铃响后，她都要拖堂，拖得我们无比焦躁。班主任老师希望我们能够理解周老师的勤奋工作，但我们这帮十四五岁的孩子并不领情，还把情况"反映"到校长那里去了，希望校长能够"劝劝"周老师——我是班长，所以我大概是告状的急先锋吧。

那时候的初三，不比现在可以买到成堆的辅导资料，所有资料都是老师手刻然后油印的。油印不过来的时候，周老师就叫我们把做过的题目抄在本子上再做一遍或者两遍。每逢这种"现饭炒三回"的时候，我就躲在抽屉里看小说——我差不多以这样的方式，加上下课的间隙，看完了路遥的《平凡的世界》。我的课桌有一个洞，我用手在抽屉里轻轻地移动书，神游其中，不亦乐乎。我一次都没有被周老师抓住过，因此得意不已，甚至还向同桌夸耀我的"技艺高超"。

后来，我当了老师，讲课的间隙经常以我 0.1 的裸眼视力在讲台上"扫描"全班。那些东张西望的，那些交头接耳的，甚至那些眉目传情的，都很难逃过我的法眼。这时，我猛然羞愧地醒悟：以周老师在讲台上"居高临下"的优势，以周老师认真负责的工作作风，她怎么可能没有发现我长期的鬼鬼祟祟！只是，她以一个长者的宽厚和仁慈，包容了一个孩子无伤大雅的自我放纵，她知道并且期待这个孩子长大以后，会在某一刻突然明白她的爱和包容。

唉，那时候的我，真是太过"聪明"了！

师范的老师，是培养老师的人，也许是因为那时候优秀的老师或者优秀的学生太多了吧，反而极少有给我深刻启悟的人。但有一个老师，她虽然只教了我们一年的历史课，却使我终身铭记和感激。

她是皮老师，一个被很多学生敬重也值得很多学生敬重的老师。

她总是随口说出很多睿智的话，句句直击我的心扉。为了记住这些话，我疯狂地记笔记，因此锻炼出超强的速记能力。她组织我们以小组讨论的方式思考过一个重大的问题——你认为一个领袖最重要的素质是什么。我代表我们小组发言获得了肯定，但是，她告诉我们，重要的不是答案，而是思考的过程。她不是班主任，可是居然在一个下午喊了我们好多女生去谈心。在她的小办公室里，她说，我知道你们都不富裕，但要是你们想吃某样东西，你们可以凑钱去买，然后每人品尝一点点，尝试很重要——如果说，我现在尝试着把生活过得精致一点，我相信是因为她的影响。她还常常说，做人要有一颗平常心，也许你今天回寝室发现你的肥皂盒不见了，但是你不要生气，这是很多时候都可能发生的事情。这是我第一次听见"平常心"这个词语，准确地说，这是第一次有人教我怎样美美地享受生活。

毕业之前的最后一节历史课，我们在课上聊天，说自己的愿望。我说我希望皮老师可以带我去实习。在二十多个实习点中，皮老师真的是我那个实习点的领队老师，从此，我相信，这世界真的是有奇迹的……我与皮老师，不相见已经15年，我不过是她无数普通学生中最普通的一个，但是，她也不吝于教给我最简单也最深刻道理，从此，我懂得了珍惜生命中每一个相遇的人，也让我自己变成值得被其他人珍惜的人。

　　我写的这些文字，不是一个功成名就的学生对老师的感恩戴德，也不是一个著作等身的名家对成长的追根溯源，只是偶然停下来，回望自己人生的时候，发现：老师，真的深深影响了我的人生。

　　决定你成为什么样的人的，是你遇到了哪些人，这些人以怎样的姿态影响了你的生活；而比这更重要的，是你以怎样的心态接受了他们的影响。然后，有一天，当你站在生命的某一个点上回望你的人生，你会发现，成长变得如此清晰，具体，可感。当初匆匆的脚步，都是深深的足印；当初平凡的刹那，都是深刻的永恒。

　　我感谢所有教过我的老师，他们所有努力的叠加塑造了今天的我。

4. 有五分钟，即可读书

这是一个大多数人低头玩手机而不读书的时代。

人们不读书的理由，以"没有时间"为多。似乎虽是平头百姓，却日理万机。其实，读书的时间，有五分钟即可。正常的朗读速度，是一分钟约 200 字。阅读的速度，只会更快。五分钟看完一篇千字美文，还可以有一点点回味无穷的时间。

或者说，没有环境。"谈笑有鸿儒，往来无白丁"固然是读书为学的理想环境，但是，"众人皆醉我独醒"岂不更胜一筹！真正想读书，自己就是自己的环境。或者，把自己读成影响别人的环境，岂不更妙！

或者说，没有雅兴。读书，并不比逛街更高尚，也不比打牌更雅致，不过也是一种度过时间的方式。"万般皆下品，唯有读书高"正是读书远离大众的原因吧。曲高和寡，高处不胜寒，读书怎么就成了高不可攀的一件事呢？我们都是普通人，大可拿到书就读，或坐或卧，随性就好。不必像古人一样，净手、洁案、沐浴、焚香；更不必奢望红袖添香夜读书的浪漫。

或者说，没有用处。读书曾经是很有用处的，书中自有"黄金屋"和"颜如玉"。但是为了一个功利的目的而强迫孩子孜孜矻矻地读书，若干年后，将会被证明得不偿失。一旦失去现实的好处，很多人一点书都不读——包括很多教师。真正的读书，乃是读那些看似无用的书，以真心喜欢为标准，不以实用为目的。"不为无益之事，何以遣有涯之生"，无用之事，乃有大用，因为它指向内心的愉悦；无用之书，乃是好书，因为它肥沃了心灵的土壤。

就让所有不能读书的理由都去见鬼吧！读书，只需要牢牢记住黄庭坚的话："三日不读书，便觉语言无味，面目可憎。"

有五分钟，即可读书！

或者三分钟！

或者一分钟！

被优美文字滋养的眼睛，是清澈的；被琅琅书声浸润的耳朵，是敏锐的；被高尚灵魂唤醒的心灵，是丰富的。

晨光中，我读书；灯光下，我读书。嘈杂的课间，我读书；宁静的深夜，我读书。春风得意的时候，我读书；前途迷惘的时候，我还是读书。

我爱读书——与勤奋无关。

于是，我的学生和孩子爱上读书——与说教无关。

5. 等等我自己

从 2011 年 8 月中旬在新浪博客开博，或者说从当年 11 月中旬写"每日一博"以来，两百多个日子敲敲打打，两百多篇博文长长短短，十万点击率赫赫然然。站在今天这个时间点上，蓦然回首，一切那么清晰，又似乎很茫然。

早就想着要在这刻到来时写点什么，也有过很多种模糊设想，但是，唯有这个想法清晰并固执起来才是时候说出这句话——等等我自己。

因为大家给予我的赞美过多、过盛。除了评论里屡屡收获博友毫不吝啬的溢美之词外，偶尔在"博文搜索"里输入我的名字，我惊讶地发现还有熟悉或陌生的朋友居然把我和李镇西老师、王君老师相提并论。惶恐，惶恐，真的很惶恐。我以为李老师和王老师如果看到，是要宽容地笑笑并想想的——一个浪得虚名的小字辈而已。网络是个烟幕弹，遮盖了我的不足；文字是个过滤器，净化了我的缺点；我真的只是浪得虚名而已。我常常想，我何德何能，得各位博友如此眷顾！我也常常想，大家的抬爱，特别是那些年长博友的厚爱，更多是出于对一个普通教师、一个一线草根或者一个有点天真有点固执的小女子的宽容和放纵吧。如果我竟以为自己真有那么好，岂不是拿着鸡毛当令箭、给点阳光就灿烂？

所以，我要等等我自己，等自己清醒。

我其实是个读书很少很浅的人。之前，我读的书很少，师范毕业没有经过中文系的积淀是先天条件不足，胸无大志在追求上进和随波逐流间摇摆十余年是后天营养不良。中国四大名著中我只看完了《红楼梦》，苏霍姆林斯基的《给教师的 100 条建议》我只读了前面二三十条，外国经典作品我读了的也屈指可数。直到近两年，我才开始发愤读书，越读越觉得好书太多时间太少，越读越觉得以前浪费了太多光阴。而我现在在键盘上敲敲打打所度过的时光，会不会也将被明天的我界定为浪费？有好几个网友说我是"天赋型"的，网友是好意赞赏，但我宁愿把它当作劝诫——读书，多读书，读好书，再也不能薄积厚发还沾沾自喜了。

所以，我要等等我自己，等自己深厚。

我的见识何尝又不是太短太窄！见多识广的博友，用很多名人的风格来描摹我的博文，但是，这些人我基本上没有听说过；也有博闻强识的博友，引经据典地来评论我的文章，惭愧，这些经典我常常陌生得要百度；宅心仁厚的博友，常常善意地把我引到一处"宝藏"然后静静走开，因此，我才知道了王君、知道了薛瑞平、知道了王崧舟，知道了在我的未知之外，有超出我想象的浩渺。

所以，我要等等我自己，等自己广博。

还有啊，我的心胸多么逼狭！也许耳朵被赞美的话宠坏了，自信变成自恋，自恋又变成了自负，我怕我真成了匿名网友所说的听不得批评的人。我能清楚地感觉到有些东西在慢慢消融，那就是谦卑。犹记得去年和李镇西老师的那场论争，当时也是觉得愤愤不平地冤屈。可是，李老师以他特级教师之声望，以他一校之长之忙碌，给我打了40分钟的长途电话，给我寄来他的书并在每一本书上签名寄语。李老师寄语说："望军老师，永远保持一颗朴素的教育心！"李老师始终把自己当普通老师，所以才会对我这个普通老师以礼相待、坦诚相交，这于他是高贵的谦卑，于我却是心灵的震荡。相形之下，我对于匿名网友的过激评论不能坦然，多么幼稚可笑！

所以，我要等等我自己，等自己平和。

最大的变化，也许是行走的脚步变得更快更功利了吧。我知道生活是慢活的艺术，可是最近却不免总把"快点快点"挂在嘴上。快点做什么呢，我也不知道。只恍惚觉得要快点，似乎前方有什么东西在诱使我奔跑。那是什么？是目标吗，也许吧。但其实，我并不适合为了一个长久的目标孜孜以求，我是顺其自然型的人。毕业了，所以工作了；恋爱了，所以结婚了；县八中招聘了，所以我调动工作了；工作调动了，所以我买房子了；开始写博客了，所以发表文章了……然而，当我为自己的生活设定一个目标的时候，我发现我的脚步快了，乱了。

"戚戚于贫贱，汲汲于富贵"不适合我，还是"行到水穷处，坐看云起时"比较好。

所以，我要等等我自己，等自己从容。

据说古老的印第安人有个习惯，当他们的身体移动得太快的时候，会停下脚步安营扎寨，耐心等待自己的灵魂前来追赶。这真是个美丽而智慧的传说，古老的印第安人真是先知先觉。

所以，我要等等我自己啊，等我自己的灵魂和我的身体缓缓同行。

也许因为这样的等待，这样缓慢的行走，我将始终摆脱不了井蛙的宿命。可是，我会庆幸，庆幸自己身在清澈见底的水井而不是暗无天日的矿井，因为这样，我至少还有天空可观，虽然那只有井口大小而已。

而且，我是一只多么幸福的井蛙啊，尽管我终其一生也跳不出那眼囚禁我的井，可是，我没有忘记，也不会忘记——抬头看天！

6. 放一本传记在手边

有一次在常德开讲座，我和老师们谈教师的学习。

一个老师问我："卢老师，冒昧地问一下，你读这么多书，有什么功利的目的吗？"

我思索片刻，很肯定地说："自从我不用为参加考试而读书之后，我读书，便没有什么功利的目的了，纯粹就是喜欢而已。"

是的，我所有不是为了考试而读的书，都只是因为喜欢。

以前读书，我从每一本书里都读出教育来；最近两年，我从每一本书里都读出人生、读出自己来。如果说，读出教育仍然有一些实用和功利的目的，那么，读出人生、读出自己就纯粹是为着观照自己、修炼自己了——用各色人等的悲欢离合来观照自己，用无穷远方的风起云涌来修炼自己，这是需要用一辈子来完成的自我成长。

读书，是为了使自己变得更有力量，更能够在波涛汹涌的人海中保持自己的本色，更能够对抗现实对心灵的蚕食鲸吞，而不是适应现实的种种啼笑皆非。

最近，读人物传记的时候比较多。我想，了解一个人的一生，比零零散散知道他的一些细节、一些故事，更能够真实地了解这个人为什么是这样一个人，而不是另外的样子。

读曼德拉的《漫漫自由路》、卡耐基的《林肯传》和甘地的《甘地自传》，我发现，这些人在成为总统或者领袖之前，都从事着同一个职业——律师。南非、美国和印度，十九世纪和二十世纪，时间和地点不同，为什么这三个伟人，同样从律师职业，走上了"为民请命"的道路？我常常想，大概是他们所从事的律师职业，更容易让他们发现现实当中权力的肆虐和权利的被践踏吧；而他们，是能够懂得用法律的武器捍卫自己权利的人——并且推己及人，带领其他人走上为正当权利而斗争的路。读到曼德拉被指控犯叛国罪时，他在法庭上自己为自己辩护的情节，我深深震撼：法律，乃是最正当也最有力的武器，即使是在和统治阶级对抗的时候。

可是我呢，我们呢？我们很多人在现实中，无数次被伤害、被剥夺，我们何曾拿起过法律的武器，为自己争取一点什么？我们相信退一步海阔天空，我们相信忍得一时之气免得百日之忧，我们相信守得云开见月明，其实，只是因为我们不懂，我们不懂面对侵害，还有一种更好、更有力的自我保护方式。权利是用来争取的，权利不争取，就是一张废纸——我们用隐忍，亲手撕碎了这张纸。

读《苏东坡传》和《居里夫人传》，我不胜唏嘘。中国的苏轼和法国的居里夫人，十二世纪的文学家和二十世纪的科学家，截然不同的人生，却有着惊人相似的命运——命途多舛，遭人嫉恨。苏东坡才华卓绝却命运坎坷，历典八州，行程万里，一生走过无数穷山恶水。他的坎坷，有性格的原因，但何尝不是因为太有才华！宋神宗的一位侍臣告诉人说，每逢皇帝陛下举箸不食时，必然是正在看苏东坡的文章——对如此有才华的人，那些无才无德的小人怎放心他留在皇帝身边？"才高人愈妒，过洁世同嫌"，小人得势的时候，怎么不会把苏东坡贬得越远越好？不要以为以浪漫著称的法国会更文明、更宽容，皮埃尔·居里和玛丽·居里的镭，是在一个既不遮风也不挡雨的破棚屋里面诞生的，而他们获得诺贝尔奖之后参选法国科学院院士，皮埃尔第一次落选，第二次侥幸通过，而居里夫人终身被法国科学院拒之门外——理由竟然是因为她是一个女人！居里夫妇把珍贵的一克镭捐献给实验室之后，无力购买镭来做研究，是美国人民，以募捐的方式，为居里夫人弄到了一克镭。是啊，对于这样天才的科学家，其他院士怎肯让她进入科学院，从而危及自己的名望和利益！

政客或者院士，无才无德的小人或者真材实料的科学家，都无法摆脱"嫉妒"这一人性中与生俱来的恶。所以，苏轼和居里夫人的命途多舛，是因为他们不得不和人性之恶战斗——可是，他们也许从未参与战斗吧。苏轼一生颠簸，可

"此心安处是吾乡"，"眼前见天下无一个不好人"；而"唯一没有被盛名宠坏"的居里夫人，避开人世的纷扰埋头于实验室造福千万人。苏轼和居里夫人，大概都是水性之人吧，利万物而不争。不争，是最厉害的武器；时间，是最公正的裁判。虽然他们从未参与战斗，但他们，无往而不胜。

所以，我们何必汲汲于一时的荣耀，又何必戚戚于当下的失意呢？

读《李鸿章传》，是一种比较颠覆的感觉。我太浅薄，原先对李鸿章的认识仅停留在我读初中时的水平。按照教科书和历史老师的陈述，李鸿章就是一个卖国贼，很多丧权辱国的条约都是他签订的。我对于这个人既然蒙着这样的印象，以后也就没有深入了解的兴趣，直到读了梁启超的《李鸿章传》。

梁启超在《李鸿章传》一书的绪论里说："天下惟庸人无咎无誉……誉满天下，未必不为乡愿；谤满天下，未必不为伟人。"这样的立论，对于我这样读书用功紧跟教材的学生来说，可谓振聋发聩。

我在百科上查到李鸿章的词条，其中有这样的文字：日本首相伊藤博文视其为"大清帝国中唯一有能耐可和世界列强一争长短之人"；慈禧太后视其为"再造玄黄之人"；与曾国藩、张之洞、左宗棠并称为"中兴四大名臣"，与俾斯麦、格兰特并称为"十九世纪世界三大伟人"。

这样的文字，历史课堂上如果没有讲到，真是有失公允。

除了公正的评价，我还希望学习历史的孩子，把历史人物和国家兴衰联系在一起观照时，还能够想到这些人物也曾是一个真实鲜活的人，而不仅仅是一个历史符号：比如宋徽宗是一个昏庸之君，也是古代少有的艺术天才与全才，他自创的"瘦金体"挺拔秀润，他热爱画花鸟画自成"院体"，他发展宫廷绘画广集画家创立宣和画院；比如隋炀帝是暴君，但文治武功也有建树，开创的科举制度被后世沿用一千多年……

很多时候，我们在一知半解甚至一无所知的情况下，就在心里简单地把人归为了"好"和"坏"两类，而且终其一生坚持自己的判断。我们带着这样的"二元世界观"，自以为是地对着这个世界指指点点，却不知道自己的偏执，已经到了可笑的地步。

放一本人物传记在手边，或者桌边，或者枕边，一伸手便可以触摸到一段耐人寻味的人生。

7. 下乡养儿，你放不下什么

如果你有一个孩子，他／她不聪明，也不活泼，有社交障碍，不敢上学甚至到学校门口就怕，你会觉得怎样？

你会怨天尤人，责怪上天怎么赐给你这么一个孩子？你会恼羞成怒，觉得自己怎么这么失败，把孩子带成了这个样子？你会放任自流，反正已经这样了还能怎样，反正儿孙自有儿孙福？你会寝食难安，不知道这样的孩子将要怎样走过他自己的漫漫人生路？

……

你有太多感觉，而每一种，都情有可原。

但你只有一个选择：接受这个事实，并且尽可能地让你的孩子感觉好过一点——没有别的理由，只因为他／她是你的孩子。

《下乡养儿》的主人公冯丽丽夫妇，就有一个这样的女儿，天天。天天胆小，什么都怕，怕老师，怕上学，晚上困极了也不敢睡，因为怕做噩梦。为了这个孩子，他们替孩子换了五个幼儿园，但无济于事。最严重的一段时间，他们一家晚上玩白天睡，没有看见过早上升起的太阳——为了这个孩子，他们心力交瘁，疲于奔命。

为了这个孩子，他们决定下乡养儿。

放下一切，下乡，只为养儿。

没有娱乐，没有学习，没有一切在城市生活里看上去必不可少的东西，例如看电影、逛街、K 歌、牌局、参加各种聚会。在乡下，冯丽丽一家的生活如此简单，如此纯粹，就只是生活而已：吃饭，睡觉，散步，养鸡、养鸭、养狗、养兔、养小羊，种瓜、种豆、种萝卜、种白菜……日子就像中秋节乡下的月亮，清清楚楚。

就只是，养儿。

如果是你，你会不会这么义无反顾，勇往直前？

恐怕，不会——而我，可能也不会。

那么，下乡养儿，你到底放不下什么？

你放不下你自己的生活。

我们声称一切为了孩子好，可是这个"一切"是夸大其词的说法。这个"一切"里面，包含了我们自己的事业，自己的社交，自己的娱乐，自己的休闲……除开这些，我们留给孩子的高质量陪伴，并不多。有多少父母，一边教导孩子远离网络游戏，一边低着头紧紧盯住手机屏幕。也许，我们的孩子很乖，比天天强大有力，不需要我们花这么多时间去陪伴，可是，孩子身上的坏习气，不正是我们自己一点一点亲自"培养"出来的吗？

你放不下你的焦虑。

下乡养儿，让孩子远离同龄人的生活圈子或者成长模式，孩子将来怎么和他人竞争，怎么赢得人生的百米冲刺或者马拉松长跑？只有极少数人有这样的勇气——除非他能够确保自己能给孩子一个美好的未来，一个不用竞争不用努力也能够衣食无忧风生水起的未来。冯丽丽夫妇没有能力确保这样的未来，他们是被逼无奈，他们是权且一试——但即使这权且一试，也仍然是当得起"惊世骇俗"这四个字的。"人无远虑，必有近忧"，然而，多少人，包括我自己，在培养孩子们方面，往往把远虑变成了近忧。我们把十年后、二十年后甚至三十年后可能出现的果，推想成是今天的因所致，我们未雨绸缪，我们高瞻远瞩，以免将来追悔莫及。可是，"三十年河东，三十年河西"，三十年后再来看我们今天的精打细算，也许只是徒劳，甚至是荒谬。

冯丽丽说："屋里黑黑的，安安静静，身边的戎和天天睡得很香。我突然觉得，我爱的人现在都好好地在我身边，这一刻如此平安，我的忧虑那么遥远。我对自己说：不要为了未来忧虑了，好好珍惜现在的生活吧。"

这是真的淡定和知足。

你放不下你身为父母的使命感。

这种使命感，由很多部分组成。有保护欲，有被需要、被依赖的满足感，有强烈得要溢出来的爱，有任劳任怨的责任感，外加一种类似于养宠物的愉悦感。"无论多大，在父母眼里，你永远都是个孩子。"这句话充满了浓浓爱意，彰显着父母之爱的无私和绵长。可是，这种爱，未必不是一种碍。孩子一岁，还小；十岁，还小；二十岁，还小；六十岁，也还不大，只要还有八十几岁的老父老母在，他们就仍然能够把你小时候尿床尿裤子穿开裆裤的糗事拿出来抖抖晒晒。在一个不懂得尊重或者培养孩子独立人格的父母面前，孩子永远是一个尚未完成的个体，永远需要被保护，或者说，永远可以被父母随意弯曲成自己希望的模样。孩子，在慈爱的父母那里，是被保护；在强势的父母那里，是被弯曲——无论是被保护，还是被弯曲，在孩子的眼里，父母都扮演了上帝的角色，是需要依赖或者需要仰望的对象。而冯丽丽夫妇下乡养儿的时候，和天天的关系，类似于一种相依为命的感觉。

纵使这些我们都放得下，我们也还有一样东西放不下，那便是面子。

别立刻脸红脖子粗地争论："才没有呢，我养孩子才不是为了面子呢。"那么，请想一想：听到孩子考试成绩不好的时候，你第一反应是什么？看到同事的孩子考上名校的时候，你第一反应是什么？碰到孩子打架被老师喊家长的时候，你第一反应是什么？所以，如果别人的孩子钢琴十级、作品出书、竞赛获奖、考上清华北大，而你的孩子"不聪明，也不活泼，有社交障碍，不敢上学甚至到学校门口就怕"，你的第一反应又是什么？没有面子，对不对？很受伤，对不对？很失败，对不对？觉得生活没有奔头没有希望，对不对？……我们活在一个错综复杂的人际关系网里，我们不是一个孤岛，我们是网上的一根丝线，一个接头。我们生怕"牵一发动全身"，所以，即使我们知道自己的孩子需要改变，需要巨大的改变，但是我们还是选择维持现状，而寄希望于未来和未知，期待有一天孩子会自己好起来，而如果"下乡养儿"，就等于承认自己的孩子有问题！

所以，这个世界上才有这么多"不可救药"的孩子！

因为，我们没有足够多的懂得和敢于"对症下药"的父母！

其实，所谓的"不可救药"，不仅是做父母的没有"对症下药"，而且是连望闻问切找到病根的勇气和能力都没有，遑论治病救人。

所以，冯丽丽一家那样种菜、散步、遛狗、养鸡鸭狗兔、看鸡飞狗跳、听叶落蝉鸣的现代人梦寐以求的悠闲生活，就真的只是一个梦而已，而且，是一个很快就醒了的梦。因为你既然有那么多放不下，当然急着醒来去拿起它们，拿起你的生活，拿起你的焦虑，拿起你的使命感，拿起你的面子，并且捆绑着你的孩子，磕磕绊绊地往前走去。

这，当然没有什么不好，绝大多数人都是这么过。

但绝大多数人这么过，不代表每个人就应该这么过。

8. 朱光潜的《谈美》和我的语文教育观

从初中到小学，我教了十几年语文。一路走来，语文教学流派纷呈，你方唱罢我登场，直看得我"不知道风是往哪个方向吹"。但是，一本与语文教学无关的书，却让我茅塞顿开，才发现语文教学，其实应该简单而美好，一如云淡而风轻。

这本书就是朱光潜的《谈美》。这是一本谈艺术的书，但在我读来，却和语文教学一一对应——如果我们承认并且努力使语文教学变成一门艺术的话。

下面所引用的《谈美》中的文字，是特别打动我的。而我相对应的理解，因为才疏学浅，难免有断章取义之嫌，或者有穿凿附会之弊，但那的确是我对语文教学的思考。

朱光潜：*实用的态度以善为最高目的，科学的态度以真为最高目的，美感的态度以美为最高目的。……*

人所以异于其他动物的就是于饮食男女之外还有更高尚的企求，美就是其中之一。是壶就可以贮茶，何必又求它形式、花样、颜色都要好看呢？吃饱了饭就可以睡觉，何必又呕心血去作诗、画画、奏乐呢？

我：写字组词、修辞手法、篇章结构等语文知识，我们原本都可以很直接地塞给学生，叫他们通过反复的练习而记忆深刻，以便能够在考卷上填写合乎阅卷标准的答案。但是，就学生而言，他们更喜欢叙述故事之时的声情并茂、苦苦思索之后的恍然大悟、曲径通幽之后的豁然开朗。语文教学，不仅仅追求结果的达到，而这达到结果的路上，也必须盛开语言文字的鲜花。否则，语文课和数学课、理化课有什么区别呢？所谓"语文味"，不仅指语文教学要种好自己的一亩三分地，更重要的是，这一锄一犁，都是对语言文字的深耕细作。

朱光潜：*美和实际人生有一个距离，要见出事物本身的美，须把它摆在适当*

的距离之外去看。

我：语文的使命，不是培养会做试题的考生，而是培养终身的阅读者；语文的使命，是用人类文明优秀的精神遗产，去涵养心灵、陶冶情操。所以，语文教学，如果仅仅是为着带领孩子们敲开应试的门，那么，必定是俗不可耐的。

朱光潜说："人心之坏，由于'未能免俗'。什么叫作'俗'？这无非是像蛆钻粪似的求温饱。"语文教学，要多多带着孩子们做对于考试来说的"无用之事"，例如深情吟诵、大量阅读、口语交际、真实写作……如果我们隔着适当的距离去看语文教学，隔着适当的时间去看语文教学，一定会猛然醒悟：无用之事，正有大用。

朱光潜：我们通常都有"以己度人"的脾气，因为有这个脾气，对于自己以外的人和物才能了解。

人与人，人与物，都有共同之点，所以他们都有互相感通之点。假如庄子不是鱼就无从知鱼之乐，每个人就要各成孤立的世界，和其他人都隔着一层密不透风的墙壁，人与人以及人与物之中便无心灵交通的可能性。

我：语文教学，就是要通过各种各样美的途径，唤醒孩子们对这个世界上的他人和他物的敏锐感知，使他们与这个世界的万事万物建构起千丝万缕的联系，从而把自己放置在世界的宏大坐标系中来审视。当孩子能够对一朵花微笑，为一条鱼感伤，在霏霏细雨中漫步且浮想联翩，他就拥有了心灵的无比丰富性，也就拥有了悲天悯人的深沉情怀。从此，他不再是一个孤立的生物人，而是这个社会积极的温暖的一部分。一朵云推动另一朵云，一棵树摇动另一棵树，全赖于这"以己度人"和"互相感通"。思接千载，视通万里，大语文之大，在于能够使小小个体和广大世界，通过"移情作用"互通有无。

朱光潜：……形式派的标语是"为艺术而艺术"。他们说，两个画家同用一个模特儿，所成的画价值有高低；两个文学家同用一个故事，所成的诗文意蕴有深浅。许多大学问家、大道德家都没有成为艺术家，许多艺术家并不是大学问家、大道德家。从此可知艺术之所以为艺术，不在内容而在形式。如果你不是艺术家，纵有极好的内容，也不能产生好作品出来；反之，如果你是艺术家，极平庸的东西经过灵心妙运点铁成金之后，也可以成为极好的作品。印象派大师如莫奈、凡·高诸人不是往往在一张椅子或是几间破屋之中表现一个情深意永的世界来么？……我赞成形势派的主张。

我：读这段话的时候，有一种酣畅淋漓，似乎廓清了一个重要的问题。撇开"为人生而艺术"和"为艺术而艺术"的纷争不谈，在语文教学上，我们常常陷入"教什么"和"怎么教"的问题，两派的声音可以说是此起彼伏，不绝于耳。有时候，"教什么"占据了上风；有时候，"怎么教"又取得了胜利。现在看来，争论不休多没有意义。

对语文教学来说，"教什么"其实是很容易确定的，难在怎样用美的艺术的形式去教。所以，我们可以看到有些老师把《岳阳楼记》《醉翁亭记》这样的千古美文上成了字词分析，也可以看到有些老师把《松鼠金龟子》《国宝大熊猫》处理成"科学和诗的完美之旅"。语文课，是一定要有设计感的，而且还必须是美的设计，那种完全依赖课堂生成、学生走到哪里就上到哪里、学生喜欢什么就上什么的语文课，与课堂艺术实在是相去甚远。每一个立志于教好语文的老师，都应该在解决了"教什么"的问题之后，孜孜不倦地研究"怎么教"的问题——语文地、艺术地去带领孩子们领略语言文字之美。

朱光潜：吴道子生平得意的作品为洛阳天宫寺的神鬼，他在下笔之前，先请裴旻舞剑一回给他看，在剑法中得着笔意。张旭是唐朝的草书大家，他尝自道经验说："始吾见公主担夫争路，而得笔法之意；后见公孙氏舞剑器，而得其神。"王羲之的书法相传是从看鹅掌拨水得来的。法国大雕刻家罗丹也说道："你问我在什么地方学来的雕刻？在深林里看树，在路上看云，在雕刻室里研究模型学来的。我在到处学，只是不在学校里。"

我："汝果欲学诗，功夫在诗外。"语文教学也是如此，一个语文老师，如果不能做到博览群书，如果不能做到对世界发生极浓厚的兴趣，如果仅仅捧着一本教材，一本教参或者一本名师课堂实录，可以想见的是，他一定成不了一个优秀的语文老师。在所有任课教师里，语文老师最应该成为一个杂家。当头脑中积累了足够多的东西时，这些东西就会在脑海里发生奇妙的整合和重组，教学的灵感，往往就在电光石火之间，闪现出来了。理想的语文课堂，常常有意料之外的设计，却常常使人产生情理之中的叹服。这样的课堂，必定是活泼的、灵动的、神采飞扬的！

朱光潜：人生本来就是一种广义的艺术。每个人的生命史就是他自己的作品。过一世生活好比做一篇文章。完美的生活都有上品的文章所应有的美点。

我：每一个语文老师，上语文课，都是在课堂上诠释自己。阅历越丰富、内心越深邃的人，他的课堂一定也越厚重和深沉；刻板、单调、乏味以及功利的人，他的课堂一定也缺失了一种动人心弦的从容。老师，不能把他自己所没有的东西教给学生，所以，看一堂课，也就是阅一个人。课堂是我们的道场，在这道场之上，我们觉人，亦自觉——或者说，先自觉，才能觉人。

朱光潜：许多人在这车如流水马如龙的世界过活，恰如在阿尔卑斯山谷中乘汽车兜风，匆匆忙忙地急驰而过，无暇一回首流连风景，于是这丰富华丽的世界便成为一个了无生趣的囚牢。这是一件多么可惋惜的事啊！

最后，朱光潜用"慢慢走，欣赏啊"作为全书的结束语。

那么，既然我们承认并且愿意把语文教学当作一门艺术来看待，我们在课堂上的姿态和心态，何妨从容一点，优雅一点，缓慢一点。

语文教学，原就是一门深邃而优雅的艺术啊！

9. 本命年随想

2017 年，鸡年，我的本命年。

1981 年，鸡年，我出生。对于世界，这件事微如尘埃；但对于我，这算是开天辟地。

1993 年，鸡年，我跨越童关，不再是一个小孩子。但这一年，于我自己，似乎不曾有什么异样的感觉。

2005 年，鸡年，东烨出生。我的人生从此大不相同，生命体验变得完整，世界也变得更加温柔可亲。

2017 年，鸡年，我 36 岁，东烨将跨过童年，而我们家，也将迎来第二个鸡宝宝。

一家四口，有三个属鸡，这也算是一个小小的奇遇，为此，我今年请人写的春联是："跃马扬鞭芳草地，闻鸡起舞杏花天。"东烨爸爸属马，我和东烨都感慨，幸而爸爸不属狗，否则我们一家就会"鸡飞狗跳""鸡犬不宁"了。

对于鸡这个属相，我并不觉得特别的喜欢。

鸡，不像龙，带着一股与生俱来的仙气；不像马，带着一股豪迈威武的英气；也不像虎，有凛然不可犯的王者之气。要说鸡有什么气，那便只有一股俗气，成天在土里刨食，以吃饱为一生唯一目标。所以，写文章的人，总是把鸡和鹰并举，来说明目光短浅和理想高远的天壤之别。

鸡的俗气，在我看来，有很大一部分原因在于鸡的相貌。公鸡当然不乏羽毛鲜亮威风凛凛者，但母鸡呢，短短的尾巴，短短的脚，一身羽毛蓬蓬的、涩涩的，使人疑心为藏污纳垢之地。

鸡的俗气，可能还在于它的不知餍足吧。小时候，常听妈妈一边用竹竿赶鸡，一边大骂："喂不饱的鸡！"的确如此，无论鸡已经吃了多少，只要撒下稻谷或者米粒或者任何其他东西，哪怕只是听得锅盖"哐当"一声响，一群大小鸡们，必定张开翅膀迈开短腿争先恐后而来。每一回，都是这样奋不顾身唯恐落后之势，无一例外。看《动物世界》的时候，我看到羚羊等草食动物在吃饱喝足卧地休息的肉食动物跟前自在漫步，便觉得这些肉食动物虽然凶猛，但不乏绅士风度。哪像鸡！永远一副饥肠辘辘随时准备"鸟为食亡"的样子。

但是，既然生而为鸡，又该如何度此卑微的一生呢？

鸡是有用的。人们养鸡，大抵是为着鸡的肉、蛋、毛。在日子拮据的农家，几只下蛋的母鸡，在很大程度上是家庭收入的重要来源。而一锅鲜香的鸡汤，更是招待贵客的首选佳肴，《桃花源记》里的"设酒杀鸡作食"、《过故人庄》里"故人具鸡黍"便是明证。而在那钟表尚未普及的年代，每天早晨准时响起的鸡鸣，啼醒了多少个忙碌的早晨。我读初中的时候，起床便是依赖公鸡打鸣。每个冬天的早晨，天都特别黑，妈妈在被子里告诉我，鸡叫三遍了，该起床了。于是我匆匆起床，洗漱，背上重重的书包，邀上三两同伴，在清冷的晨风或浓重的霜雪里赶路。一路上，公鸡鸣声此起彼伏，远远近近，悠长而嘹亮。当时并未觉得如何美好，现在却凝结成一股浓郁的诗意留在记忆里。"鸡声茅店月，人迹板桥霜"，工业时代，大概再难有这样静美的景象了。

鸡是随遇而安的。鸡大概知道自己的卑微，所以对主人无所求。对于吃的，无所求，给什么吃什么；没什么吃的时候，碎石沙子也能吃到肚子里去。对于住的，亦无所求，几块砖头一垒，算一个窝；几根树枝一架，也算一个窝；或者什么也没有，主人第一次把它丢在什么地方，它就把什么地方当作窝。我们家养过挑食的猪，我见过不少被主人宠坏的挑食的狗，但是，从没看见过挑食的鸡。

鸡是乐天知命的。鸡一天到晚似乎都很快乐，很优游。猫有时候闭目养神似乎在思考。狗有时候一声不吭似乎很忧郁。但鸡似乎从早到晚都在咯咯地唱歌，悠闲地散步，真正懂得"享受每一天"的精髓。小时候，我常想，我们人一天24小时要做很多事，而鸡同样一天24小时却没有什么事做，鸡会不会很无聊呢？现在，我知道了，鸡大概是不会无聊的，它们自得其乐，心情好得很。人若有鸡一半的乐天知命，大概很多心理疾病都将不治自愈。

看来，上帝造物，真是周到而用心。生而为鸡，自有鸡的快乐！

那么，祝我自己鸡年快乐！本命年吉祥！

10. 在风花雪月里逍遥

2018 年 4 月 14 日，星期六，我在岳阳市东方红小学听课。

这一天，我有很多理由不去听课，义无反顾的理由只有一个——王崧舟老师来岳阳上课。

在我研究语文教学的路上，读名师课堂实录是比较重要的一步。以读小说的兴致盎然来读的课堂实录，于我而言，便是王君、余映潮和王崧舟三位老师的课堂实录了。

决定成为一个小学老师之前，我反复研究了几位小学名师的课堂实录，给我影响最大的是王崧舟老师的《诗意语文课谱》。这本书，我反复读了三遍，圈点批注无数。这本书，帮助我了解了小学语文课堂，也使我确立了对好课的评价标准：设计大气而厚重、环节清晰而层进、语言诗意而温情。王崧舟老师课堂上那种灵动的诗意和厚重的积淀，交织成一种令我着迷的气息，令我沉醉。

这一次，王崧舟老师讲苏轼的《记承天寺夜游》。

苏轼是我苦心孤诣地研究过的一个古人，《记承天寺夜游》是我苦心孤诣地讲过的一篇课文。听王崧舟老师讲这一课，我才知道自己所谓的"苦心孤诣"，不过是浅尝辄止罢了。在会场，我一边听课，一边默默地惭愧得紧。

课后，王崧舟老师给我们开讲座，主要讲他和他的团队正在做的"文言启蒙课"。王老师说，阿基米德撬起地球需要支点，民族复兴也需要支点；民族复兴的支点是文化，而文言正是中国文化的重要载体。王崧舟老师是把他的文言启蒙课和中华民族的伟大复兴联系在一起的。我想，这就是一个老师、一个学者、一个知识分子的时代担当和家国情怀。

王老师说，他的文言启蒙课将要推出四个课例，即《湖心亭看雪》《记承天寺夜游》《爱莲说》和《秋声赋》。这时候，王老师提问了："现场有哪位老师知道我为什么选这四篇文章吗？"

有一个老师抢先说："春夏秋冬！"

被人抢先回答，我真着急——幸亏王崧舟老师只是说答案已经接近了。

现场再没有其他人举手，除了我。

从读书以来直到现在，但凡学习，我便是典型的好学生模样：早早地来到会场，占了第一排的座位，很认真地听课做笔记，不懂的马上百度查证，特别是遇到老师提问，情不自禁地把手举得高高的。

王老师点了我回答问题。

我说："应该是分别对应了风花雪月！"

王老师说："你真聪明！"

我马上喜滋滋地拿出我读了好几年的《诗意语文课谱》，得寸进尺地说："那您给我签个名吧！您的课堂实录，我读了好几年！"

现场的老师们大笑，大概是笑我虔诚而天真。

会后，王老师招呼我上台，给我签名，和大家合影，一如所有我见过面的名师——王君老师、肖培东老师、余映潮老师等。不管课上课下，他们都是那么谦逊、亲切、随和、从容。这样的气度，是活的语文，是我读课堂实录读不到的精彩，也是我竭尽全力亲近名师的原因。

我常常想：这样的气度要怎样才能修炼得来？

王崧舟老师的讲座，给出了一个答案：风花雪月。

王老师说："风花雪月不仅代表浪漫，不止于爱情。浪漫是一个外来词，我们中国传统文化里有一个更好的词语——逍遥。逍遥是在无限广大的世界里独与天地精神往来。不仅庄子，每一个人，都渴望逍遥，就像每一个人，都需要风花雪月。风花雪月是中国人的哲学，是中国人的生活态度……"

心底里有一片风花雪月，便有了一种气定神闲的风度，就像王崧舟老师，在4月14日东方红小学的舞台上，瘸着骨折未痊愈的腿，笨拙而从容地向我们诠释苏轼"如月色空明"的"闲人心境"。

王崧舟老师这样的名师大家，大概也是舟车劳顿、辗转奔波的时候多吧，但是，我们有足够的理由相信，他已是一个闲人，用如许的风花雪月修炼出了"闲人心境"。

而我，正走在修炼的路上。

曾经，年轻气盛，浮躁焦虑，患得患失，因为那时候，心无所恃。现在，当然也有这样的时候，不过，我已经懂得自救之道。每当我感觉心理失去平衡，快快不乐，怨天尤人，我便读书。读书让我安静，给我幸福。而近几年读书，读中国古典作品较以前多。

我参加工作以后的读书，大抵经历了这样的阶段：读杂志，如《读者》一类；读现代散文，如毕淑敏、周国平等作家的作品；读中外小说，如《悲惨世界》一类；然后是一些社科类的书。这些都是相对易读的书，起码在文字理解上没有问题。读着读着，我便有些不满意。我知道，有一些厚重的书，等着我打开。

然后，我开始尝试着读一些难读的书。我想，慢慢地，羞涩地，叩响厚重的古典之门。

慢慢地，是因为我基础差底子薄，只读到师范没有读过大学中文系，是我的遗憾，我的古诗文水平，一度停留在略高于初中生的水平；羞涩地，是因为我读的、想读的书，可能很多人包括很多学生，都已经读过了，我没有读过《大学》《中庸》，没有读完《史记》《庄子》《论语》，没有系统背过《诗经》、唐诗、宋词……作为一个语文老师，对孩子们讲古诗文，我真有囊中羞涩之感。孩子们只知道听我讲古诗词，他们不知道，我为了讲好古诗词查找资料、设计流程，是一种怎样的孜孜矻矻和战战兢兢。

但毕竟，我开始了。

我读《浮生六记》，读《陶庵梦忆》，读《唐宋八大家散文》，读《徐霞客游记》，读《山海经》，读唐诗宋词，读竹林七贤，读陶渊明，李白，读苏东坡，读李清照……我零零碎碎读，也踏踏实实读。越读，心里越安静；越读，心里越敬畏。我写过很多文章，但是从不写古文，是不能，更是不敢；我写过很多诗歌，但是从不写古诗，是力不能及，更是心存敬畏。

我不想让我的学生、我的孩子继续我的遗憾，于是，我开始有意识地带他们亲近经典。教134班的时候，我编写了《轻叩古典之门》，带孩子们读了一年的经典；教155班的时候，我先带孩子们读了叶嘉莹先生编写的《给孩子的古诗词》，然后认真教了我们四年级语文老师集体编写的《诵读本》；教152班的时候，我们民院附小方少文校长组织一批优秀教师精心编写的一到六册《小学生经典诵读》已经付梓，发给每一个学生日日吟诵——从此，民院附小的两千多名学生，每天都在古诗文的风花雪月里逍遥游！

每天早晨，走进校园，琅琅书声如金玉之声，叮叮当当，清脆悦耳，伴着香樟树的芬芳，铺天盖地而来，那也是一种迷人的气息，让我沉醉。

我想，王崧舟老师的"续文脉、继绝学、明明德"的文言启蒙课，民院附小举全校之力的"小学生经典诵读"，我以及我的同事们孜孜不倦的种种努力，大而言之，是为了复兴中华民族的传统文化；小而言之，是为了在每个人的心里，构筑一个风花雪月的世界。

这个世界，如此小，就在每个人的心里，只关乎个人悲喜；这个世界，如此大，大到可以让我们如鲲鹏展翅，逍遥遨游。

"春有百花秋有月，夏有凉风冬有雪。若无闲事挂心头，便是人间好时节。"我想，王崧舟老师，我，我们民院附小的语文老师，的确是在对学生进行文言启蒙，但又何尝不是在用传统文化里面最美好的风花雪月，修炼一颗闲人的心呢？

在这喧嚣的世界，谁不需要一场风花雪月的旅行？

11. 回字有四样写法，你知道么？

《孔乙己》里有这样一个情节：

> 孔乙己显出极高兴的样子，将两个指头的长指甲敲着柜台，点头说，"对呀对呀！……回字有四样写法，你知道么？"

做学生时，老师告诉我们，这个细节体现了孔乙己迂腐可笑，他和短衣帮说不上话，只得向店里的小伙计卖弄他无用的学问，寻找心灵的安慰。那时候，我便也以为孔乙己迂腐可笑，"回"字的四样写法既然不考试，便毫无学会的必要。

刚做老师时，我照着教参告诉学生们，这个细节体现了孔乙己迂腐可笑，他和短衣帮说不上话，只得向店里的小伙计卖弄他无用的学问，寻找心灵的安慰。那时候，年岁已长，我已经略略懂得了孔乙己可悲可怜，但对于"回"字的四样写法，仍是兴味索然。

而现在，我急切地想知道"回"字的四样写法，急切地想知道我所使用的每一个汉字的前世今生，想知道每一个汉字凝练着先民怎样的智慧巧思。传统文化有无数密码，层层叠叠地出现在我的阅读视野里，可惜，我曾如此无知，视而不见。

我真的很无知。

第一次意识到自己的无知，是 2013 年 3 月 7 日，听同年级的李老师讲《诗经·关雎》。李老师说，"求之不得，寤寐思服"的"思"是语气助词，而"服"才是思念的意思。而我，一直想当然地认为，"思"是思念的意思，"服"是语气助词。再说了，语气助词，不是应该在句子末尾吗？课堂上，李老师说得云淡风轻，却如一记重锤，击碎了我的自信——我那建筑在无知上的自信，不堪一击。我感觉我踏在一片巨大的虚空上，那虚空，是我对中华传统文明的无知和隔膜。

2013 年 3 月 7 日以前，我对文字训诂、字源字理等知识的了解近乎零——而且，最可怕的是，因为无知，我并不觉得自己无知。

后来，我疯狂地学习，其劲头，类乎"知耻后勇"。

学习的过程，是不断地拓宽自己知识面的过程，也是不断地认识自己无知的过程，有柳暗花明的惊喜，更有哑然失笑的惭愧。

有一天，我读《诗经·硕人》，读到"齿如瓠犀，蝤首蛾眉"，对照注释理解意思的时候，赫然看到了"蚕蛾触须弯曲而细长，古人以此比喻女子美丽的眉毛，称为蛾眉"这句话。我的惊愕，无法形容。这么多年来，我读到"淡扫蛾眉朝至尊"这样的诗句，总是想当然地觉得"蛾眉"和峨眉山有什么关系，并且进一步想到难怪金庸的武侠小说里峨眉派门人都是女子。呜呼！我的无知可笑至此。凑巧的是，过了几天，家里的蚕蛹破茧成蝶，我细细一看，蚕蛾的头上两弯触须，迥异于蝴蝶丝状的触须，赫然是两弯小巧而精致的眉毛！古人的比喻，多么精巧传神！那第一个想出"蛾眉"的人，定然对着那洁白的蛾子，那颤动的触须，粲然地笑过吧。

五一小长假复课后，和孩子们一起学习《猴王出世》。我叫孩子们聚焦"王"字，以"石猴何以为王"为主问题来解读课文。课前，我给孩子们解释"王"的含义：能够贯通天、地、人三者，具有极高的德行修养、智慧和能力的人，称之为王。"王"字是孩子们非常熟悉的一个文字，而这种全新的解读带给孩子们极大的探究热情，这堂课气氛很热烈。这热烈的气氛，催生了很多有趣的问题。

课堂中间，小殷同学在交流"石猴何以为王"时提出的观点是"石猴很有爱心，因为他关心老人小孩"，他的理由是课文里面"这一个洞可以容得千百口老小"这句话。他特意强调了"老小"两个字。我知道，这是因为我们最近学了"老吾老以及人之老，幼吾幼以及人之幼"的缘故。我从容地告诉他："在中国传统诗文的表达中，有一种手法，叫'对举'，对举必须是两个相反的极端，比如一南一北，一朝一夕，一上一下，这两者之间可以包容一个极大的空间，于是形成一种张力，使文章更有气势。比如'无奈朝来寒雨晚来风'，就是从早到晚都是风雨的意思。你们看看课文的第一段，就有'夜宿石崖之下，朝游峰洞之中'，这样的句子，表达的意思就是——"

梓涵马上抢着说："我知道，这就是说石猴从早到晚都很逍遥。"

"所以呢？"

这时候，小殷同学抢着回答说："所以呢，千百口老小就是说从小到老所有的猴子。"

我暗暗吁了一口气。我在课堂上的从容，是我五一假期在家里阅读叶嘉莹《古诗词课》的结果。我若没有读过这本书，断然不能在课堂上给学生一个接近正确的答案。面对孩子们的遗憾，我要么是老老实实地说不知道，要么是想当然地给一个解释。这两种结果，显然不应该成为语文课堂的常态。

后来，我把这件事讲给我的同事听，她跟我分享了她的经历。她说，以前读到"江南可采莲，莲叶何田田"，只知道"田田"是很多的意思，却从来没有想过为什么。后来她看了一本闲书，才知道"田田"是"填填"的讹字，因为乐府民歌口耳相传，所以"填填"被当作"田田"记录下来并代代流传，朱自清的"曲曲折折的荷塘上面，弥望的是田田的叶子"便是如此。我恍然大悟，这么多年来，我只以为"田田"是荷叶的样子像一块田而已，就像我过了很多年才明白"床前明月光"不是描摹卧室里的情景一样。

因为无知，我，以及我的学生，曾经都错过了什么？！

在鲁迅的时代，国家积贫积弱，有志之士积极谋求强国富民之道，孔乙己们的"回字有四样写法"的学问，小而言之不能解决温饱，大而言之不能抵抗列强，大约的确是无用之学吧。可是如今，我们，尤其是语文老师，若仍不知道"回字的四样写法"，或者不想知道，或者以为不必知道，或者以孔乙己的知道为迂腐以自己的不知道为开通，便多少有点可悲可笑了。

从看到水纹回旋的景象到以象形的手法创造出"回"字的最初样子，到演变成今天的极简洁的"回"，"回"字的前世今生里，蕴含着汉字的源远流长，凝结着先民的精巧智慧，蕴藏着汉民族的思维模式。汉字故事，国学经典，正是我们遗忘已久而必须重新捡拾狠狠钻研的大学问啊。不如此，我脚下的那一片巨大的虚空，将如何填补？

我希望，我今后的学生不再像我，未经过独立思考便嘲笑孔乙己"回字有四样写法"的迂腐——这样的嘲笑，何其无知，何其浅薄；我希望，我今后的学生能够和我一起，看到那螺旋往复的"回"字，能想到水波浅浅的笑窝——这样的联想，何其蕴藉，何其美丽。

12. 我最好的样子

我最好的样子，在学生的记忆里。

2017年5月的一天，静来看我。那是我初登讲台时教过的学生。静诉说联系到我的不易，滔滔不绝地回忆着我教她时候的种种细节。其实很多事情，我早就忘了，但借由她的记忆，我又捡拾起来，拼凑出我初上讲台时的青涩模样。她说我对她影响很深，还说她一直感念我的好，说我是她碰到过的最好的老师……她的感谢，使我羞愧。因为我那时候才18岁，年轻、无知、茫然，除了一腔热情，能够给学生的帮助很小、很少，何曾当得起"最好"二字！

后来，之前很多的学生，都经由静联系到了我，都深情款款地描述我在他们生命里留下的印迹。听着这些我本无心插柳实际上却绿柳成荫的故事，我备感温暖。因为教师职业的关系，普通如我，竟可以和那么多生命长久相连；平凡如我，竟可以和那么多心灵遥相呼应。想到我说过的话、做过的事、相信过的美好，都可能被这样或者那样的心灵记忆并珍藏，对于现在的学生，我就更多了一分温柔，一分用心。

2010年9月到2011年6月，我教190班。因为是初中毕业班的原因，这一年的生活，可谓水深火热。我的循循善诱或者当头棒喝，我的温言细语或者暴风骤雨，我的晓之以理或者动之以情，都指向一个很明确的目的——尽可能让更多的学生考更多的分，进入更好的高中读书。这，于学生，关系前途和命运；于我，关系存在感和成就感。可是，在这样焦头烂额的生活中，那些青春叛逆正盛的孩子们，依然细心记录我点点滴滴的用心。中考结束第二天，常勋在QQ里发表了一篇日志。在这篇《卢老师的经典语录》里，我看到我曾经说过的只言片语都被学生深情铭记：

（中考总复习的时候）你们都是过了河的卒子，只许进不许退。

（考试时）垂死挣扎总比坐以待毙好。

（上课提问学生时）此刻沉默，你将埋没！

（上课的时候）什么是浪漫？浪漫就是浪费时间慢慢上课。

不要让自己的大脑成为别人思想的跑马场。

不要把分数当成学习的目的，而要把学习当作实现自我价值的途径。

喜欢文学的人比较不容易犯罪，喜欢文学的人比较容易感到幸福。

为人多栽花少栽刺，处世宁修桥勿挖沟。

随便什么时候，记得抬头看天。

……

　　读着这篇日志以及其他学生的评论，我心里一片温暖。作为一个老师，我在教室里说过的话何止千千万，不是每一句都是警世良言，不是每一句都能振聋发聩；有些话我说过就忘了，我以为它们早已经化作气流随风而逝，可是常勖以及其他的学生，把自己的心当成永不发黄的纸张，来记录我这些唠唠叨叨，使这些普通的语流音变，这些寻常的平上去入，这些简单的文字组合，获得了永恒的形体，有了生命的热度。

　　这篇日志，记录着我最好的样子。

　　曾有人戏言，老师最不喜欢的，就是成绩优秀但是桀骜不驯的学生。跟这样的学生在一起，老师心里没底。你不知道你的苦口婆心，在他心里会被理解成假仁假义还是别有用心；你不知道那桀骜不驯的眼睛里，是藏着洞察成人世界之后的嘲弄还是对通行评价系统的满不在乎。烁就是这样的一个学生，书读得多，成绩很好，思想深刻，言语犀利，也不怎么合群，脸上常常挂着一种淡淡的嘲谑。我曾经在他没有完成作业的时候罚他抄写词语，他不仅不抄还在作业本上留言给我，质疑罚抄的意义；我曾经让他写"我的中国梦"征文，他以一封言辞犀利的回信拒绝了写作，因为以他青春叛逆的眼光来看，所有歌功颂德的文字都是虚伪矫情的；我曾经劝他为梦想努力学习别浪费自己的才华，他淡淡地斜视着我，那种不屑一顾正是他看世界的惯用眼神……从情感上,我不喜欢他,但是从理智上,我不忽悠,不刁难,也不回避。我努力做我该做的,然后,把一切交给时间,把未来交给希望。

后来,他升入初三,我去教初一,从此我们之间没有什么交集。有一天,他爸爸转给我一篇文章,是他 2013 年 12 月 31 日写的"年终总结"。他追忆自己初二那一年的生活,字里行间竟然都是我以为他满不在乎的细节,比如听广播的时候要做笔记,比如元旦文艺汇演时我写的散文诗……他说自己初二那一年过得浑浑噩噩,初三这一年,他将会急起直追,因为,不想辜负。"不想辜负",简简单单四个字,把过去那么多桀骜不驯,都化成了亲切怀恋和深情感恩。原来,青春的心,是一张宽容的滤纸,滤掉了我恨铁不成钢的焦躁埋怨,留下了我最好的样子。

134 班是我在民院附小带的第一个班,也是迄今为止,我任教同一个班级最久的班。两年半的时间里,发生了太多美好的感人的故事,正像蓁蓁在初二的考场作文里写的那样,这两年半是一段诗情画意的旅程。

> 她总是喜欢着一袭长裙,当清风掠过她的裙摆时,那种灵动的美感让她宛如神话中走出的仙子;她总是喜欢手持一卷书,当教室中充满着笔与纸舞动传出的"沙沙"声时,不经意抬头望见坐在讲台上低头读书的她,那画面俨然成了我小学时光中最难以忘怀的一道风景。

> 柳叶眉,丹凤眼;着素裙,执书卷。是呀,这样的她,本身就是一个诗情万分的人。

其实,我哪里有那么优雅,那么美丽,不过是因为蓁蓁喜欢我,便觉得一切都好看了。

> 旅程的诗情画意,来自她的谆谆教诲。从《诗经》到《老子》,从李白到辛弃疾,在中华上下五千年文明中她仿佛来去自如。从这个时间到那个朝代,她总能细心筛选出其中的精华,再将诗词背后的故事与历史背景娓娓道

来。她告诉我们"梦里不知身是客，一晌贪欢"背后的悲伤与无奈；她告诉我们"至今思项羽，不肯过江东"背后的失望与谴责。她带领我们看见"春江潮水连海平，海上明月共潮生"的春江花月夜，带领我们看见"日出江花红胜火，春来江水绿如蓝"的绝美江南。她的一言一行仿佛具有魔力，引领我们在各个朝代中穿梭、畅游……

这些事情，我觉得好，便做了。我播种，撒下无数种子，因为不能预期土地的肥沃，我便使用了最笨的方法，不计成本，广种薄收。可是，学生的心田，其实是世界上最适宜耕种的土壤，每一颗种子，都会萌发，长成青葱的春天。

在这世上，有人住高楼，有人在深沟；有人光万丈，有人一身锈。浮云千万种，请君莫强求。斯人若彩虹，若诗，若画。而遇上了，便知有。

在蓁蓁的笔下，我是天边那道最美的彩虹，绚丽，夺目。可是，她不知道，她和所有我教过的学生，都是我生命里的阳光。没有阳光的激射，怎么会有彩虹的光彩动人！

所有我教过的孩子们，你们的记忆是我一个人的"史记"。谢谢你们，用心记住我最美好的样子，让我的教育人生更多了一分坚定、一分欣慰。

我愿意，毕生努力，孜孜不倦，把我最美好的样子留在更多学生的记忆里。

13. 人到中年读李白

中国人的文学启蒙，大概有相当一部分是从李白的《静夜思》开始的。

"床前明月光，疑是地上霜。举头望明月，低头思故乡。"这样明白如话，又如此隽永悠长；这样自然如信手拈来，又如此经典而不可超越。这样的诗，一经读过，便没有理由遗忘。在异乡，在月夜，谁不曾把这几个句子，放在心上细细吟哦？

小时候，读《静夜思》，读《赠汪伦》，读《早发白帝城》，读《望庐山瀑布》，真的仅仅是读而已。扯开喉咙，跟上其他人的节奏，噼里啪啦读一阵，既不明白诗歌的意思，更不了解诗歌所寄寓的情感。而李白，更多不是作为一个伟大诗人，而是作为"铁棒磨成针"故事中的主角，存在我幼小的心里。

青春年少的时候，又读了几首李白的诗，对于李白，仍然知之甚少。大概的印象，就是喝酒，漫游，写诗天下第一。那时候也读金庸的武侠小说，下意识里，我总是把李白想象成一个武艺高强来去如风的大侠，活得潇潇洒洒，全身上下没有一点人世间的烟火气。

再后来，像大多数人一样，对于李白的了解，止于"诗仙"。沉醉在李白雄奇飘逸的诗歌里，觉得这样前无古人后无来者的天才，完美得非人间所有，的确当得起"谪仙人"的称号。

像大多数人一样，我仰慕李白"斗酒诗百篇"的才华，折服李白"天生我材必有用"的自信，欣赏李白"千金散尽还复来"的慷慨，也敬仰他"安能摧眉折腰事权贵"的傲气。我把李白，当成高山膜拜，当成星辰仰望，却看不见李白心里的痛苦。

以前，我从来没有想到过李白会痛苦。

我觉得，日试万言、倚马可待，天才如李白者，御手调羹、贵妃磨墨，荣耀如李白者，怎么还会有痛苦？！

最近，读了几本李白的传记，扎扎实实读了一些他的诗文，才发现，李白的一生，对于他自己，也许真的是寂寞、落拓、痛苦的。

李白的痛苦，在于他想要的太多。

饮酒的李白，写诗的李白，炼丹的李白，求官的李白，哪一刻，是李白最真实的自己？

求仙访道的李白，仗剑行侠的李白，乱世纵横的李白，济世安邦的李白，哪一个，是李白最想要成为的自己？

都是。

每一刻，李白都活在自己的真实里，因为他没有一刻的伪饰。端起酒杯，李白说"古来圣贤皆寂寞"，所以，他要"且乐生前一杯酒"；提笔写诗，李白自信能够"兴酣落笔摇五岳"，在他心里，楚王的灵台楼阁转眼成空，而"屈平词赋悬日月"；从十五岁开始，李白求仙访道，从此这一辈子"仙游未曾歇"，甚至还拿到了道士符箓成为一个正式的道士；求官的时候，桀骜不驯如李白者，也愿意说出"倘急难有用，敢效微躯"这样低眉顺眼的话来；"呼童烹鸡酌白酒，儿女嬉笑牵人衣"，与妻子儿女在一起的时候，他未尝不如凡夫俗子一样，以天伦之乐为满足……每一刻，李白都活得真诚、坦率，像一个孩子，对于每一个游戏、每一件小事，都无比投入，无比执着。

隐与仕的矛盾，纠结了李白的一生。"出则以平交王侯，遁则以俯视巢许"这两种理想，势均力敌，轮番上阵，咬啮着李白的心。但归根结底，李白的痛苦，和古往今来的士子一样，在于怀才不遇。

可以说，李白的才华有多杰出，他的痛苦就有多深沉。因为他对自己的才华是如此自信，所以，他的理想是如此宏伟。他想师法管仲、晏子，"奋其智能，愿为辅弼，使寰区大定，海县清一"；他还梦想姜太公那样的机遇，"如逢渭川猎，犹可帝王师"。

因为他的理想如此宏伟，所以他根本不能忍受通过科举考试取得做官的资格然后一步一步升迁，他期望的是由布衣而卿相，他期望的是一飞冲天平步青云。这在科举选士已经相当成熟的盛唐，无疑是一种不合时宜。他的《与韩荆州书》，写得洋洋洒洒，大气磅礴，被后世广为传诵，却不能在当时为他带来他所期望的机遇。因为荐举一个布衣之士，显然不符合韩荆州推荐人才的标准。

李白的痛苦，比怀才不遇更深一层，因为他遇而不得，与自己的理想擦肩而过。

李白最终进入长安，来到政治权力中心，是通过道士的引荐。通过这种非正常途径的引荐，李白得到翰林待诏一职，成为一个粉饰太平装点门面的御用文人也在情理之中。这并非唐玄宗不英明，没有慧眼识英才，而是，李白真的不适合政治层面的委以重任。他太天真，太任性，太恃才放旷，不适合那个尔虞我诈、危机四伏的长安城。

我有时候想，李白如果规规矩矩走科举之途，未必没有机会高中状元而"一日看尽长安花"，可是如果真那样，便不是李白了，也没有我们熟悉的李白了。

"痛饮狂歌空度日，飞扬跋扈为谁雄"，终究还是杜甫最懂李白，知道痛饮或狂歌，都非李白真心所愿，功名才是李白一生最深的执念。功名，伤李白最深。他的诗文，名动天下，流芳百世；他喝酒，"会须一饮三百杯"；他的剑术，据传为唐朝第二；他在扬州一年，散金三十万，救济落魄公子，大抵也类似行侠仗义；他求仙访道，取得了道士符箓……唯独功名，他最强烈的追求，却从未实现，甚至从未接近。他并非贪恋荣华富贵，作为一个道教徒，他信奉功遂身退，希望有朝一日能够潇潇洒洒地"功成拂衣去，归入武陵源"。他之所以至死仍然抱有功名之心，难道不是因为他从来没有得到过吗？李白活得惊天动地，死得无声无息，他的《临路歌》里，那只"中天摧兮力不济"的大鹏，多么不甘！他连慨叹"出师未捷身先死"的资格都没有，因为这一辈子，他的宝剑从未出鞘。

李白对于功名的追求有多执着，他的失望就有多浓重；他的失望有多浓重，他的牢骚就有多盛大；他的牢骚有多盛大，他的诗文就有多瑰丽。《将进酒》《襄阳歌》《梦游天姥吟留别》《行路难》《月下独酌》……每一首流传千古的名作，都记录着李白的失意与叹息，蓄满了李白的嘲讽和呐喊。

人世间的痛苦，大抵是因为自己求而不得。李白求功名而不得，正如我们求事业有成、求财运亨通、求家庭和乐而不得一样。李白的痛苦，其实也是芸芸众生的痛苦。人生在世，谁能够圆满？倘若天纵英才如李白者，尚且如此遗憾，凡夫俗子如我辈，又何必执着于自己的不拥有？

但是，尽管追求屡屡受挫，李白却从没有绝望。被赐金放还漫游梁宋的时候，李白仍然怀抱"东山高卧时起来，欲济苍生未应晚"的理想；行路艰难如冰塞川、雪满山之际，李白仍然喊出"长风破浪会有时，直挂云帆济沧海"的宣言；即使在永王被杀、自己逃亡的过程中，李白仍然抱着"一生欲报主，百代思荣亲"的愿望。

李白的痛苦，究竟是天才的痛苦。屡败屡战，愈挫愈勇，李白是一个失败的士子，也是一个可敬的英雄！多少人受到一点挫折就改变自己的理想，藏匿自己的锋芒，甘愿浑噩度日。可是李白，从未妥协，从未改变，他，是真正的不忘初心。虽然他最终得到的"始终"不是他自己想要的功德圆满，但是，却成为千百年来人们的福音。我们能在李白的抱憾终身里，宽慰不圆满的自己；我们能够在李白的桀骜不驯里，稍稍释放那个如履薄冰的自己；我们能够在李白的汪洋恣肆里，让心灵上天入地，片刻翱翔在自由之境……

李白有太多的缺点，他狂妄自大蔑视权威，他嗜酒如命醉态醺醺，他放荡不羁不拘小节，他也肯定不是儒家意义上的好儿子、好丈夫、好父亲，可是，我们为什么还是那么喜欢李白，甚至超过那个老病孤舟还心忧天下的杜甫？

也许，是因为李白活出了自我？超脱于那个从小就被各种责任、各种教条、各种戒律所束缚着的自我。

也许，是因为李白的天真和执着，像童话里那只犟龟，一意孤行，直至终点。

是的，李白，是一个从未长大的孩子，天真无邪，只想看看世界本来的模样。他就是圣·埃克苏佩里笔下的小王子，是不适合生活在人类的星球的。他的死，是离开，也是归去。

余光中说："失踪，是天才唯一的下场。"李白不死，他，只是不再归属于人间的体系，不再接受人间的评判，不再为人间的功名富贵而痛苦。

人到中年，我爱这不完美的李白。

人到中年，我懂得了李白的痛苦。

14. 长成一棵树

　　我能成为今天的模样，成为今天这样一种孜孜不倦地生长的模样，很大程度上，是因为看到了俞敏洪的这样一段话：

　　　　人的生活方式有两种，第一种方式是像草一样活着，你尽管活着，每年还在成长，但是你毕竟是一棵草，你吸收雨露阳光，但是长不大。人们可以踩过你，但是人们不会因为你的痛苦，而产生痛苦；人们不会因为你被踩了，而来怜悯你，因为人们本身就没有看到你。

　　　　所以我们每一个人，都应该像树一样的成长，即使我们现在什么都不是，但是只要你有树的种子，即使你被踩到泥土中间，你依然能够吸收泥土的养分，自己成长起来。当你长成参天大树以后，遥远的地方，人们就能看到你；走近你，你能给人一片绿色。活着是美丽的风景，死了依然是栋梁之材，活着死了都有用。这就是我们每一个同学做人的标准和成长的标准。

　　那是 2010 年的时候。

　　那时候，在教育战线，我像草一样摇晃了 11 年。没有花香，没有树高，自我放逐在无人知道、不求上进的荒漠。望着远方地平线处那些大树绿叶婆娑的美好姿态，我无动于衷。我想，那是我永远也到达不了的遥远和美好。

　　还好，命运给每一个人都安排了一个自我觉醒的时刻，就像人们在德尔菲神庙门柱上"认识你自己"的箴言前沉思良久的时刻，就像在春江花月夜有一个人问出"江畔何人初见月，江月何年初照人"的时刻，就像丑小鸭说"我还是走到广大的世界里去吧"的时刻。我也有这样一个时刻——这个时刻，是 2011 年 8 月，我偶然结识了《中国教师报》的梁恕俭编辑并决定在新浪博客开始教育写作的时刻。

　　从那一刻开始，我决定，让自己长成一棵开花的树，在教室里，在孩子们心里，在我自己的地平线上。选择挺立，不再匍匐，让自己的身姿和其他的树一起构成这个世界的风景。

一棵树的生活，是这样简单而安静。

教室是我的大地。对于一棵想要生长的树来说，没有什么贫瘠的土壤；不想生长，不再生长，才是彻底的荒凉。教室的方寸之间，是我的天宽地阔。

学生是我的阳光。他们用年轻的生命，滋润我渐长的年岁。和孩子们在一起，如饮了一杯不老的甘泉。任何时候，生命总是有所依凭，有所期待。

那立在书架上的一本本经典好书，是我的雨露。如那多情的故人，不离不弃，晨昏忧乐每相亲，告诉我远方的树的茂盛，告诉我茁壮成长的美妙。

那在键盘上敲出的一篇篇文章，是我开出的一朵朵的花。我把教育生活的日日夜夜、悲欢离合，酝酿成一片芬芳，开放在一个个夜晚或清晨。那字里行间，汩汩流淌的，是我对教育、对学生、对生命炽烈的爱呀！

键盘嘀嘀嗒嗒，仿佛风吹过一树叶子哗哗啦啦；一篇一篇文章留存下来，仿佛年轮一圈一圈记录树的年华；用阅读提升自我，用写作对抗虚无，用行走完成自己，仿佛根须向大地的深处更深处探索；树上的小鸟来了又去、去了又来，仿佛我送走又迎来一茬一茬的学生；树站在同一个地方，枝繁叶茂，仿佛我一直站在教室里，不忘初心……

一棵树的生活，就是这样执着而坚定。

当一棵树，真好！

有时候，当然也遭遇过风吹雨打，但是抖落一身枯枝败叶，我仍然郁郁葱葱；有时候，当然也曾经陷入迷茫，就像在漫漫长夜里等待熹微的晨光。但是，更多的时候，每长高一寸，我就看见更大的一片森林，郁郁苍苍，微风吹来，绿浪翻滚，我们互相点头致意：原来你也在这里，在这里开花，在这里生长！

长成一棵树，和其他的树一起，给人一片绿色，给自己一道风景，真好！

图书在版编目（CIP）数据

教育的温度 / 卢望军著. --重庆：重庆大学出版
社，2021.7
（青春语文系列）
ISBN 978-7-5689-2015-5

Ⅰ.①教… Ⅱ.①卢… Ⅲ.①语文课—教学研究—中
小学 Ⅳ.①G633.302

中国版本图书馆CIP数据核字（2021）第047227号

教育的温度
JIAOYU DE WENDU
卢望军 著

策划编辑：王 斌
责任编辑：张家钧 刘秀娟 版式设计：原豆文化
责任校对：关德强 责任印制：赵 晟
＊
重庆大学出版社出版发行
出版人：饶帮华
社址：重庆市沙坪坝区大学城西路21号
邮编：401331
电话：（023）88617190 88617185（中小学）
传真：（023）88617186 88617166
网址：http://www.cqup.com.cn
邮箱：fxk@cqup.com.cn（营销中心）
全国新华书店经销
重庆市国丰印务有限责任公司印刷
＊
开本：890mm×1240mm 1/32 印张：8.5 字数：248 千
2021年7月第1版 2021年7月第1次印刷
ISBN 978-7-5689-2015-5 定价：56.00元

本书如有印刷、装订等质量问题,本社负责调换
版权所有，请勿擅自翻印和用本书
制作各类出版物及配套用书，违者必究